AF450662

COMMENTAIRE

DE LA LOI DU 23 JANVIER 1873

SUR L'IVRESSE

PARIS. — IMPRIMERIE ARNOUS DE RIVIÈRE ET C⁴, RUE RACINE, 26.

COMMENTAIRE

DE LA LOI

SUR L'IVRESSE

D'APRÈS LE RAPPORT ET LA DISCUSSION DEVANT L'ASSEMBLÉE NATIONALE

VOTÉE LE 23 JANVIER 1873

PUBLIÉ

PAR L'ADMINISTRATION DU RECUEIL GÉNÉRAL
DES JUSTICES DE PAIX

AVEC LE CONCOURS DE MM.

CRANNEY
Juge de paix à Sèvres (Seine-et-Oise)

BOUCAULT
Juge de paix à Courbevoie (Seine)

—••o✕o••—

PARIS

ADMINISTRATION DU RECUEIL DES JUSTICES DE PAIX
20, Rue de l'École-de-Médecine, 20

CHEZ MARESCQ, LIBRAIRIE DE JURISPRUDENCE
17, RUE SOUFFLOT, 17

—

1873

TEXTE ET COMMENTAIRE

DE LA LOI

SUR L'IVRESSE

d'après le rapport et les discussions devant l'Assemblée nationale

VOTÉE LE 23 JANVIER 1873

DIVISION.

§ 1er. — Considérations préliminaires (p. 5 et suiv.).

§ 2. — Discussion du projet de loi devant l'assemblée nationale (p. 11).

§ 3. — Texte de la loi (p. 30).

§ 4. — Commentaire de la loi, sous chaque article (p. 33).
Ce que l'on entend par lieux publics et quels sont les lieux publics (p. 36 et suiv.).
Compétence des tribunaux de simple police ; emprisonnement ; récidive ; procédure (p. 40).

§ 5. — Appendice. — Mesures morales (p. 73 et suiv.).

§ 1er. CONSIDÉRATIONS PRÉLIMINAIRES.

On entend par ivresse l'état d'une personne qui, par l'excès de boissons alcooliques, a perdu tout sentiment raisonnable. L'ivresse est un vice hideux, immoral, et souvent une cause d'excitation aux passions populaires.

Avant la loi du 23 janvier 1873, dont nous allons expliquer les dispositions répressives à la suite de chaque article, l'état d'ivresse ne constituait pas un fait punissable, bien que tout le monde fût d'accord pour convenir qu'entre toutes les causes de la dépravation des mœurs privées et des funestes idées politiques, la plus désastreuse était l'habitude de l'ivresse et surtout de l'ivresse publique. Ses périls avaient sans doute frappé le législateur ; le décret du 29 décembre 1851, sur *les débits de boissons*, avait été fait dans le but de restreindre la multitude excessivement croissante de ces établissements : « Considérant, porte-t-il en son préambule, que la multiplicité toujours croissante des cafés, cabarets et débits de boissons est une cause de désordre et de démoralisation; considérant que, dans la campagne surtout, ces établissements sont devenus, en grand nombre, des lieux de réunion et d'affiliation pour les sociétés secrètes, et ont favorisé d'une façon déplorable les progrès des mauvaises passions; considérant qu'il est du devoir du gouvernement de protéger par des mesures efficaces les mœurs publiques et la sûreté générale, décrète:...»

L'article 1er déclare qu'aucun café, cabaret ou autre débit de boissons à consommer sur place ne peut être ouvert sans la permission préalable de l'autorité administrative. L'article 2 ajoute que la fermeture de ces établissements peut être ordonnée par arrêté du préfet, soit après une condamnation pour contravention aux lois et règlements, soit pour mesure de sûreté publique; les contraventions à ces prescriptions sont poursuivies devant les tribunaux correctionnels et passibles d'une amende de 25 à 300 francs et d'un emprisonnement de six jours à six mois.

Mais soit que ces sages prescriptions n'aient pas été appliquées avec la vigilante et sévère attention que l'administration doit apporter dans l'exécution des lois de police, de nombreux établissements de débits de boissons se sont fondés depuis ce décret, ce qui, par suite, a contribué largement à augmenter et à répandre les déplorables progrès des mauvaises passions et les désordres de la plus inconcevable démoralisation. Les malheureuses leçons du passé imposent aujourd'hui à la vigilante attention de l'administration la plus ferme et la plus active surveillance, non-seulement dans les campagnes, mais surtout dans les villes où, dans l'arrière-boutique d'un trop grand nombre de marchands de vins, les ouvriers, le jour même de la paye, se réunissent, et là s'élaborent l'athéisme et le matérialisme parmi les classes ouvrières, malheureuses inspirations qui commencent par être une forfanterie et finissent par devenir une conviction; là s'éteignent les nobles inspirations de la jeunesse, s'excitent toutes les passions, toutes les jalousies, toutes les haines; là, enfin, se produisent ces doctrines atroces, ces menaces si monstrueuses et si extravagantes, qu'elles avaient semblé jusqu'à ces derniers temps n'être que des rêves d'imagination en délire.

C'est sans contredit dans ces établissements que se contracte l'habitude de l'ignoble vice de l'ivresse qui, comme nous venons de le dire, ne constituait pas avant la loi du 23 janvier 1873 un fait punissable.

Ainsi l'homme ivre, étendu sur la voie publique, alors même que sa présence gênait la circulation, ne pouvait être considéré comme ayant commis la contravention d'embarras de la voie publique, prévue et réprimée par l'article 471, n° 4, du Code pénal. Cass., 18 août 1860.

De même, le fait d'ivresse scandaleuse n'était passible d'aucune répression, si l'arrêté préfectoral qui l'interdisait s'était borné à s'en référer à la législation existante. Cass., 18 novembre 1865 et 28 mars 1867.

Toutefois, lorsqu'un règlement pris en vertu du bon ordre et de la sûreté de la circulation, prescrivait de poursuivre devant le tribunal de simple police des individus trouvés dans un état complet d'ivresse sur la voie publique, il y avait lieu de réprimer la désobéissance à cette prescription en leur appliquant la disposition de l'article 471, n° 15, du Code pénal. La Cour de cassation considérait aussi comme légal et obligatoire l'arrêté qui interdisait aux cafetiers, cabaretiers et autres débitants de boissons, de laisser boire, jusqu'à l'ivresse, les personnes qu'ils recevaient dans leurs établissements, et n'admettait pas, naturellement, l'excuse de la bonne foi prétendue des cabaretiers : cette excuse ne peut, en effet, être invoquée en matière de contravention: et, d'ailleurs, il est de principe que nul fait délictueux ne peut être excusé que dans les cas et dans les circonstances où la loi le déclare excusable. Cass., 18 août et 30 novembre 1860.

La question de savoir s'il fallait punir l'ivresse n'a fait toujours aucun doute pour les esprits réellement sérieux qui ont été unanimes pour répondre énergiquement pour l'affirmative. L'ivresse est, en effet, un état de maladie qui en enlevant la raison à celui qui se livre à cette pitoyable habitude détruit en tout ou en partie la responsabilité de ses actes. Ce n'est pas un délit, dit-on, ce n'est qu'un état inconvenant, fâcheux, où l'homme se rapproche de la brute, ce n'est qu'un mauvais usage qu'il fait de sa liberté, comme on en voit bien d'autres, et ce mauvais usage n'est pas dans les choses qu'on peut réglementer et punir par des dispositions législatives, parce que cet attentat causé à sa liberté, quelque blâmable qu'il soit, ne relève que de sa conscience.

C'est assurément là un pauvre raisonnement ; quel homme de bon sens a jamais songé à solliciter et fait des vœux pour faire

punir la maladie elle-même de l'ivresse, cette abominable plaie
sociale. Non ce n'est pas la maladie, mais la faute qui l'a produite, qu'il est question de punir, à cause des vices et des désordres qui en sont la suite. « Si l'ivrogne seul en était victime,
a dit M. de Ladoucette à la séance du Sénat du 13 mars 1861, je
le plaindrais, mais j'en prendrais mon parti. Malheureusement
ce n'est pas lui seul qui en souffre, mais c'est la société, ce sont
tous les témoins du scandale qui en résulte, et c'est surtout la
famille, la femme, les enfants qui meurent peut-être de faim
sur un grabat, pendant que l'ouvrier va dépenser en un jour
tout le gain de la semaine.

« Cet intérêt doit nous préoccuper ; c'est sur cet intérêt que
la société et le gouvernement doivent veiller. Ce n'est pas la
première fois que la société intervient dans des questions de ce
genre, dans des questions d'intérieur, en quelque sorte, et de
famille. Je puis en citer plusieurs exemples. Ainsi, lorsque des
sévices graves sont exercés par des parents sur leurs enfants,
l'autorité judiciaire intervient et le tribunal condamne s'il y a
lieu. De même encore, il y a une loi sur le travail des enfants
dans les manufactures, qui a pour but d'empêcher que les parents n'abusent avant l'âge des forces de leurs enfants.

« Et encore ici, remarquez-le, les parents pourraient, pour
s'excuser, invoquer des raisons plausibles ; ils pourraient dire
que s'ils font travailler leurs enfants trop tôt, c'est qu'ils ont
besoin de nourrir leur famille, et qu'il est juste que les enfants
ajoutent leur petite part au gain commun. Mais, qui est-ce qui
profite de la dépense faite au cabaret ? Personne, si ce n'est le
cabaretier, et cet intérêt, pour ma part, je m'en préocupe peu.
Mais la famille, mais la société, tout le monde y perd, celui
même qui se livre à la boisson. Je crois donc que des mesures
doivent être prises pour remédier à ce désordre. »

Avant la nouvelle loi, des arrêtés locaux, il est vrai, avaient
été pris, dans quelques départements, au sujet de l'ivrognerie,
soit par les préfets, soit par les maires, afin de réprimer l'ivresse
publique, et l'efficacité de ces règlements avait produit en
général des résultats satisfaisants ; mais c'étaient là des mesures
isolées ; d'ailleurs les arrêts et règlements des préfets et maires
ne constituent pas la législation uniforme qui, en pareille matière, doit s'imposer nécessairement au pays entier : car dès

lors qu'il s'agit d'un mal répandu partout, le même fait repréhensible doit recevoir en tous lieux un châtiment égal.

Bien plus, quelques tribunaux de simple police, notamment celui de Saint-Martin-de-Ré (Charente-Inférieure), se fondant sur l'article 484 du Code pénal, aux termes duquel, « dans « toutes les matières qui n'ont pas été réglées par le présent « Code, et qui sont régies par des lois et règlements particu- « liers, les Cours et tribunaux continueront des les observer », condamnaient le fait d'ivresse comme contravention de simple police, en vertu de l'édit de François Iᵉʳ, du 15 avril 1536, dernière de nos lois répressives de l'ivrognerie et des faits d'ivresse publique.

Mais cet édit appartient non-seulement à d'autres temps, mais aussi à des mœurs différentes, et, de nos jours, il était inapplicable. Il statue, en effet, en ces termes :

« Informé des désordres que cause l'ivrognerie, voulant y « mettre un terme et faire cesser les homicides et les autres in- « convénients qui arrivent de l'ébriété, nous ordonnons que qui- « conque sera trouvé ivre soit incontinent constitué et retenu « prisonnier *au pain et à l'eau,* pour la première fois; que la « seconde, outre cette peine, il soit *battu de verges ou de fouets* « dans la prison; que s'il récidive une troisième fois, il soit *fus-* « *tigé publiquement;* que s'il est incorrigible, il soit puni d'*am-* « *putation d'oreilles, d'infamie et de bannissement,* avec injonc- « tion très-expresse aux juges, chacun en son territoire, d'y « veiller diligemment; et qu'enfin, s'il arrive que, par ébriété « ou chaleur du vin, les ivrognes commettent quelque faute « ou quelque crime, l'ivresse ne pourra leur servir d'excuse, « qu'au contraire, ils seront punis de la peine due au délit « qu'ils auront commis, et encore *punis par une autre peine, à* « *l'arbitrage du juge,* pour s'être enivrés. »

Ces dispositions remarquables durent promptement tomber en désuétude à cause de leur sévérité même et de l'admission des peines telles que l'amputation de l'oreille et le bannissement.

Cette graduation des peines, a dit le rapporteur du projet de la nouvelle loi, se retrouve dans les meilleures lois édic- tées dans les pays étrangers. Le statut suédois du 14 août 1813 ordonne que « tout individu qui a été vu ivre soit con- damné, pour la première fois, à une amende de 3 dollars;

pour la seconde fois, à une amende double; pour la troisième et la quatrième fois, à une amende encore plus forte, avec privation du droit de vote aux élections, du droit d'être nommé représentant et de divers autres droits fondés sur la confiance qu'un homme peut inspirer à ses concitoyens. Tout individu trouvé en faute une cinquième fois doit être enfermé dans une maison de correction et condamné à six mois de travaux forcés. Enfin, s'il recommence encore, il doit être emprisonné pour un an. »

Ces peines sont assurément trop sévères, mais le principe de leur graduation est essentiel et sage. Le simple fait d'ivresse pouvant être involontaire, accidentel, étranger aux habitudes de vie de celui qui se rencontre en cet état, il est juste que la loi soit peu sévère, lorsqu'elle le frappe pour la première fois. Mais la loi n'atteindrait pas son but si, dès la première récidive et les suivantes, elle n'appliquait pas une peine sérieuse avec l'appareil qui doit la faire mieux sentir.

D'ailleurs, le but de la loi actuelle a été la nécessité de frapper de déplorables abus et de funestes habitudes, afin d'arriver à l'amélioration morale et physique de l'homme; il s'agit de remèdes contre une de ces calamités imprévues et grandissantes de notre civilisation, qui, après tant de succès dans l'ordre matériel et tant de conquêtes de l'esprit, humilient notre génération autant qu'ils la lèsent profondément en la décimant, en la frappant dans ses forces productives, en diminuant les sources de son bien-être et corrompant même les jouissances qui semblaient devenues le but suprême de la vie : ces mesures atteindront et corrigeront, il faut l'espérer, cette partie turbulente et dangereuse de la population que les boissons alcooliques poussent aveuglément dans les dernières extrémités de la destruction; cette partie d'individus tout prêts encore de lever la tête et de secouer la torche révolutionnaire pour entraîner de nouveau la nation à la dernière période de la dégradation et de la ruine. Honneur, donc, au législateur qui, par des mesures rigoureuses, mais de salutaires prévoyances, aura édicté et prescrit des règles assez puissantes pour anéantir, dans l'intérêt sacré de la patrie, le retour si douloureux d'événements à jamais déplorables !

§ 2. DICUSSION DU PROJET DE LOI SUR L'IVRESSE.

(Séance de l'Assemblée nationale, du 23 janvier 1873.)

M. LE PRÉSIDENT. L'ordre du jour appelle la troisième délibération sur le projet de loi tendant à réprimer l'ivresse publique et à combattre les progrès de l'alcoolisme.

La parole est à M. Journault sur l'ensemble du projet de loi.

M. JOURNAULT. Messieurs, je viens vous demander de vouloir bien confirmer par un nouveau vote les décisions que vous avez déjà prises relativement aux mesures qui vous sont proposées contre l'ivresse. J'estime qu'en confirmant ces décisions vous ferez une œuvre juste, utile, nécessaire.

Dans la discussion qui a eu lieu, on vous a, sous une forme éminemment spirituelle qui vous a charmés, présenté l'ivresse comme étant en décroissance ; on vous a dit que l'ivresse n'était plus aujourd'hui ce vice à la mode et de bon ton qu'on aimait à afficher, qu'il se cachait, et que cette sorte de pudeur était un symptôme du progrès des mœurs.

C'est là une assertion en contradiction avec la réalité. La réalité, messieurs, je vais vous la dire en vous rappelant les paroles prononcées hier sur le même sujet par notre honorable collègue M. Cordier, lorsqu'il a indiqué les progrès de l'alcoolisme dans son département. Voici des indications sur ces progrès.

En 1828, la consommation de l'alcool était de 350,000 hectolitres ; .

En 1850, de 585,000 hectolitres ;

En 1869, de 978,000 hectolitres.

M. WARNIER (Marne). L'industrie emploie l'alcool.

M. JOURNAULT. En 1850, les neuf dixièmes de l'alcool fabriqué en France provenaient de la distillation des produits de la vigne.

En 1859, ces produits ne fournissent plus que trois dixièmes Le surplus provient de la distillation de la betterave, de la mélasse et des grains. De là une baisse considérable des produits de l'alcool. L'hectolitre qui valait 200 francs en 1850 ne vaut plus aujourd'hui que 50 francs. Et par cela même qu'il y a diminution dans le prix, il y a progression dans la consommation et dans le nombre des débits. Aujourd'hui on compte un débit pour une population de 102 habitants.

Ces détails, je les prends dans un rapport qui est connu probablement de la plupart d'entre vous, messieurs, car il a été inséré dans le *Journal officiel*. C'est un rapport qui a été ,présenté, le 18 mars 1872, à l'Académie des sciences, par M. Barth, président de l'Académie de médecine ; et voulez-vous savoir quelles sont les conséquences désastreuses des faits que je viens de mettre sous vos yeux? Voici comment ces conséquences sont appréciées dans ce même rapport, et je vous demande, messieurs, la permission d'appeler sur cette question très-importante toute votre attention :

« Les conséquences de l'augmentation de la consommation de l'alcool ont été désastreuses. De 1849 à 1869, le chiffre annuel des morts accidentelles par suite d'excès alcooliques s'est élevé de 331 à 587 ; celui des suicides dus à la même cause s'est accru de 240 à 664. Les crimes contre les personnes, commis sous l'influence de l'ivresse, ont augmenté dans la même proportion.

« L'abus des boissons alcooliques engendre un grand nombre de maladies ; mais, de plus, il imprime aux opérations chirurgicales et aux maladies internes, même les plus légères, un caractère de gravité exceptionnel. Cette influence désastreuse se traduit par des résultats de plus en plus inquiétants.

« Enfin, l'accroissement du nombre de cas de folie de cause alcoolique a constamment suivi, depuis vingt ans, l'augmentation de la consommation des spiritueux, notamment dans les départements qui consomment surtout des alcools de grains et de betterave. Dans la plupart de ces départements le nombre des cas de folie alcoolique a quintuplé depuis vingt ans et a atteint la proportion effrayante de 25 à 40 p. 100. »

Eh bien ! appuyés sur ces documents, et en présence de ces conséquences funestes, nous pouvons affirmer qu'il n'y a pas décroissance, que c'est une illusion de croire qu'il y a décroissance ; ce n'est pas là un vice qui diminue, ce n'est pas là un ennemi qui recule ; c'est un ennemi qui avance et contre lequel il faut nous défendre. (Très-bien ! sur divers bancs.)

On nous dit que le progrès des mœurs suffira pour cette tâche.

Le moraliste a, en effet, beaucoup à faire ici; son œuvre est toute tracée, et je demande qu'il intervienne dans la question, qu'on multiplie les sociétés contre l'abus des boissons alcooliques, qu'on multiplie les livres et les conférences.

Mais, à côté de l'œuvre du moraliste, il y a l'œuvre du législateur, et j'estime que si nous ne remplissions pas cette tâche nous déserterions notre devoir. (Marques d'assentiment.)

Ce n'est pas la première fois que des lois sont faites sur cette matière, nous n'innovons rien en faisant cette loi et je vous demanderai, messieurs, la permission de vous lire à ce sujet une ordonnance royale, en quelques lignes; elle est assez curieuse par les termes singuliers qu'elle emploie. C'est une ordonnance de François I⁺, du 15 avril 1536. (*Le texte en est rapporté ci-dessus, p.* 9.)

Messieurs, la loi qui vous est présentée n'est pas aussi sévère que l'était l'ordonnance du roi François I⁺. Plusieurs lois qui ont été édictées dans les pays environnants sont même plus sévères que la loi qui nous est proposée. Ainsi, le statut danois du 14 août 1813 décrète qu'à la troisième et à la quatrième récidive, le droit de vote et la qualité d'éligible seront supprimés. La cinquième récidive entraîne une condamnation à six mois de travaux forcés; en cas de nouvelle récidive, la peine peut aller jusqu'à un an d'emprisonnement. Votre loi, comme vous le voyez, n'est pas aussi sévère; je crois que sur certains points elle aurait pu même renfermer des dispositions qui auraient produit un salutaire effet.

Par exemple, l'interdiction de certains droits de famille aurait pu y prendre place; ce n'est pas sans regret que je vois qu'un homme, puni pour délit habituel d'ivrognerie, puisse encore être tuteur et prendre sa place dans un conseil de famille : celui qui ne sait pas se gouverner lui-même ne peut être considéré que comme un gouverneur dangereux pour les enfants qui sont placés sous sa direction. Mais enfin la loi qui nous est présentée me semble telle que nous puissions la voter dans les termes où elle nous est soumise.

Il ne faut pas dans une loi pareille s'attacher trop exclusivement à adoucir les pénalités; une certaine sévérité dans la loi est nécessaire, alors que nous nous trouvons, comme c'est ma conviction, en face d'un mal menaçant, j'oserai presque dire d'un péril national.

On s'est préoccupé aussi de cette question : Une loi pareille peut-elle être appliquée sans complément en dehors de nos mœurs et de nos habitudes?

Je vous demande la permission de vous citer ici ma propre et très-modeste expérience. Usant du droit de police que la loi confère aux municipalités, j'ai pris l'initiative de certaines mesures contre l'ivrognerie. Je n'ose pas dire qu'au point de vue de la diminution des délits il y ait eu quelques résultats très-appréciables. Mon expérience était faite dans de trop petites proportions et sur une trop petite échelle; mais ce que je puis dire, — et c'est là un point important selon moi, — c'est qu'il n'y a jamais eu, devant le tribunal de simple police, de réclamations ni plaintes de la part de ceux qui ont été cités et condamnés. Tous, ils ont reconnu qu'ils étaient coupables et qu'ils méritaient la peine qui leur était appliquée.

En résumé, messieurs, la loi qui vous est présentée est une loi juste, nécessaire; c'est une loi morale et d'une application facile; c'est une loi que l'Assemblée pourra s'honorer d'avoir votée. (Très-bien! très-bien! — Aux voix!)

M. LE PRÉSIDENT. La parole est à M. Naquet.

M. ALFRED NAQUET. Il y a quelques mois, à l'époque où l'on discutait en deuxième délibération le projet de loi qui nous occupe encore aujourd'hui, j'eus l'honneur de prendre la parole et de dire à l'Assemblée que ce vice que vous voulez combattre reconnaît certaines causes, et qu'il serait préférable de s'adresser à ces causes plutôt qu'au vice, que l'on n'atteindra pas, je le crois du moins, en édictant des pénalités.

Messieurs, les vices, dans la société, reconnaissent certainement des causes, et obéissent à des lois. Dernièrement, on m'a fait dire à cette tribune que je considérais le vice et la vertu comme des phénomènes absolument semblables aux maladies et aux défauts d'organisation physique, et, dans une certaine mesure, l'Assemblée en a paru impressionnée. On aurait eu raison sans doute si, en exprimant ces idées, j'avais prétendu dire que la répulsion que j'éprouve pour le vice, pour le mal moral, n'est pas plus forte que la répulsion que j'éprouve pour les maladies, pour les défauts d'organisation, pour le mal physique. (Rumeurs sur plusieurs bancs à droite et au centre.)

L'homme, messieurs, éprouve certaines attractions et certaines répulsions qui lui sont naturelles et en dehors desquelles il n'y aurait pas de société.

L'homme est attiré par tout ce qui le rapproche du type humain le plus parfait, le plus propre à la conservation de l'existence sociale. Il est, au contraire, repoussé par tout ce qui l'éloigne de ce type. Or, comme ce qu'il y a de plus élevé en nous, comme ce qui nous distingue au plus haut degré des animaux inférieurs, c'est l'intelligence, c'est la moralité, il est évident que les vices d'organisation morale, que les crimes nous font éprouver une horreur beaucoup plus vive que celle que nous font éprouver les défauts d'organisation physique. Tout ce que j'ai voulu dire à cet égard, c'est que les phénomènes moraux comme les phénomènes physiques obéissent à des lois naturelles; c'est que les vices, les crimes résultent de certaines causes et que, si on veut les combattre efficacement, c'est à ces causes mêmes qu'il faut s'attaquer.

Quelles sont les causes de l'ivresse? Il y en a d'ordre moral et d'ordre matériel; parmi les premières, les unes, je vous l'ai déjà dit dans mon premier discours sur ce sujet, tiennent au climat. Sur celles-là, nous ne pouvons rien; d'autres résident dans l'alimentation, et sur celles-ci, je l'espère, la société pourra beaucoup.

Je ne voudrais pas faire ici de la médecine; mais depuis quelque temps, on a si souvent transformé l'Assemblée en un concile... (Réclamations sur un grand nombre de bancs.—Rires et bruit), que je ne vois pas pourquoi je ne la transformerais pas un instant en Académie des sciences.

La physiologie démontre que tous les mouvements qui se produisent chez les êtres organisés, mouvements physiques, mouvements intellectuels... (Murmures à droite.) Oui, messieurs, les mouvements physiques et intellectuels, les mouvements cérébraux ont pour cause une dépense de forces, une consommation de chaleur, une combustion. (Interruptions et rumeurs.)

Ce que j'avance n'a aucun trait aux questions philosophiques qui peuvent nous diviser, je ne fais point en ce moment de philosophie. (Rires ironiques à droite.) Je ne cherche pas à déterminer si les phénomènes qui se produisent dans le cerveau reconnaissent, en dehors des causes matérielles...

Plusieurs membres. A la question !

M. Alfred Naquet. Je suis entièrement dans la question.

(Non! non!) Je ne cherche pas à déterminer si ces phénomènes ont une cause en dehors de l'organisation, ou s'ils n'en
ont pas.

Mais vous-mêmes, messieurs, qui admettez ces causes en
dehors de l'organisation, vous reconnaissez aussi qu'il y a des
organes, que le fonctionnement de ces organes est essentiel. Or,
la science physiologique a démontré d'une manière définitive
que le travail de la pensée est accompagné d'une consommation
de chaleur, absolument comme le travail musculaire. (Exclamations et rires à droite.)

Je suis bien fâché que vous ne connaissiez pas la physiologie,
messieurs; mais la physiologie l'a démontré... (A la question! à
la question!)

Eh bien! messieurs, s'il est vrai que tous les travaux s'accom-
pagnent d'une dépense de calorique, calorique qu'il faut prendre
quelque part, il est évident que ceux qui travaillent beaucoup,
soit de leurs muscles, soit de leur intelligence, sont obligés de
dépenser plus de chaleur que les autres; qu'il leur faut, permet-
tez-moi de me servir d'un terme vulgaire, alimenter la chaudière
avec des aliments.

Un membre. Boire un coup! (On rit.)

M. Alfred Naquet. Parmi les aliments, il en est de deux
sortes...

M. le comte Benoist-d'Azy. Assez! assez! Il est impossible
d'entendre plus longtemps de pareilles théories!

M. Alfred Naquet. Je ne vous interromps pas, monsieur,
quand vous êtes à la tribune; je vous prie de me laisser parler.
(Rumeurs.)

Un membre à droite. Parlez! C'est instructif!

M. Alfred Naquet. Je disais qu'il y a deux sortes d'aliments.
Les uns qui sont essentiellement nutritifs, réparateurs de l'organisme. En même temps qu'ils nous procurent les forces nécessaires, par leur combustion, ils nous procurent les matériaux de
reconstitution de nos organes. C'est ce qu'on appelle en physiologie des aliments plastiques. Les autres servent uniquement,
par leur combustion, à produire de la chaleur et ne reconstituent
pas les organes.

L'alcool est du nombre de ces derniers. (Bruit à droite.)

Voix à gauche. Laissez donc l'orateur exprimer sa pensée.

M. Alfred Naquet. Il est incontestable que ces deux classes

d'aliments doivent intervenir dans notre alimentation, dans une proportion déterminée; mais il est incontestable aussi que, lorsque les aliments plastiques n'entrent pas pour une quantité suffisante dans notre nourriture, l'homme est tout naturellement porté à y substituer des aliments calorifiants, qui donnent une force momentanée, une force factice, mais qui, en réalité, finissent par détruire l'organisme. C'est ce qui vous explique, messieurs, pourquoi l'ivresse est plus fréquente chez les hommes misérables, pourquoi l'ouvrier qui n'a pas une quantité suffisante de substances azotées à manger, qui n'a pas de vin généreux à boire à ses repas, est obligé, s'il veut pouvoir fournir sa tâche, de boire en dehors de ses repas, et pourquoi la conséquence de cette fatalité est d'entraîner chez lui, à la longue, des habitudes désastreuses qui le dégradent et le tuent.

Maintenant, messieurs, à côté de cette cause matérielle, que je viens de déterminer, l'ivresse en a une autre : elle a une cause morale.

Il y en a encore d'autres, mais je vous signale les principales : l'une est la cause matérielle que je viens de déterminer, la misère; l'autre est une cause morale dont je parlerai plus tard à cette tribune, lorsque viendra la discussion de la loi sur l'instruction primaire : l'ignorance.

Il est certain que les hommes qui n'ont pas développé leur intelligence, qui s'écartent par cela même peu de la brute, qui n'éprouvent pas l'horreur de la déchéance à laquelle ils s'exposent en s'enivrant, comme nous l'éprouvons, nous, hommes instruits, qui ne voulons pas nous ravaler, il est certain que ces hommes s'adonnent plus facilement à ce funeste vice de l'ivrognerie.

Voilà pourquoi, sans vouloir combattre d'une manière absolue une loi répressive qui agirait sur les hommes tout à fait vicieux, que des moyens plus naturels, plus logiques, plus énergiques, ne pourraient pas arrêter; voilà pourquoi, dis-je, dans l'état actuel, je crois que nous avons mieux à faire que d'édicter des pénalités contre les personnes que l'on rencontre en état d'ivresse. Je crois que ce qu'il y a à faire, c'est d'étudier d'une manière sérieuse et profonde les besoins des classes ouvrières, c'est de chercher quels sont les moyens de rendre la misère moins grande, et, au premier rang, parmi ces moyens, je vous le dirai prochainement, je place l'universalisation de l'instruction publique.

En ce qui me concerne, et en me ralliant au contre-projet excellent proposé par **M.** Testelin, et qui consiste à **vous demander** un crédit pour étudier les lois qui existent **aux États-Unis et en Angleterre**, et pour étudier surtout l'organisation de ces hôpitaux d'ivrognes qui ont réussi jusqu'ici à combattre le mal bien plus profondément que n'ont pu le faire des lois répressives, je voterai contre l'article 1er du projet de loi en discussion. (Très-bien ! sur plusieurs bancs à gauche.)

M. le Président. M. Laboulaye a la parole.

M. Laboulaye. Messieurs, je viens, au nom de la commission, répondre aux arguments de l'honorable **M.** Naquet. Vous me permettrez de ne pas faire de physiologie, mais simplement de me rappeler que je suis dans une Assemblée législative, et que, dans cette Assemblée, ce dont on s'occupe, c'est du droit, c'est-à-dire du règlement de la liberté humaine. (Très-bien ! très-bien !)

Ces mots de droit et de liberté humaine sont précisément ceux qui n'ont pas paru dans le discours de l'honorable **M.** Naquet. (C'est vrai ! — Très-bien !)

On nous dit que l'homme est entraîné, par une fatalité organique, à boire de l'alcool.

Je ne nie pas que la misère, qui est mauvaise conseillère, ne puisse être une des causes déterminantes de l'ivrognerie. Mais, sans prétendre affecter une science que je ne possède pas, il me sera permis de dire à **M.** Naquet que, aux États-Unis, il y a des navires, qui sont les plus recherchés pour les transports maritimes, et où la première condition pour les matelots est de s'engager à ne boire que de l'eau. (C'est vrai ! c'est vrai !) On les nourrit largement avec des aliments plastiques. Par conséquent l'ivresse ne fait pas une des conditions permanentes de la vigueur des matelots.

L'honorable M. Naquet nous dit que l'éducation est un des grands moyens d'arrêter l'ivrognerie. Je suis entièrement de son avis. Il nous dit que la misère est une des causes de l'ivrognerie, qu'il faut combattre la misère. Je suis de son avis. Mais il n'aperçoit pas qu'il érige deux causes en système. Toutes les fois qu'on attaque un vice social, le jeu, la débauche, l'ivrognerie, il est évident qu'il n'y a pas un moyen unique, une panacée pour se débarrasser de ce vice. La religion dit : Je modérerai l'homme, je lui apprendrai la sagesse ! Elle a raison. L'éducation dit : Je lui donnerai des goûts plus élevés ! Elle a raison. Les économistes disent : Nous organiserons des associations de tempérance ! Ils ont raison. L'hygiène dit : Il faut donner de meilleurs aliments, donner de bon vin, supprimer les octrois. Elle a raison. Mais la loi vient à son tour et dit : Je mettrai mon poids dans la balance, et je saurai bien imposer ma volonté. Elle a raison.

Ceci ne veut pas dire, messieurs, que nous croyons que, quand nous aurons fait notre loi, nous aurons supprimé l'ivresse, non ! nous aurons probablement retenu un grand nombre de jeunes gens qui s'engagent dans une voie mauvaise; mais ce que nous aurons fait, c'est notre devoir de législateurs, devoir limité, devoir défini, appelant à notre secours et la religion et l'éducation et l'hygiène et l'économie politique. (Très-bien ! très-bien !)

Or, messieurs, il est nécessaire de faire quelque chose. Et ce qui m'a frappé le plus, c'est que dans notre situation politique, une loi sur l'ivrognerie, de même qu'une loi sur l'éducation, a un caractère tout particulier, un caractère politique.

Nous vivons sous l'empire du suffrage universel. Jusqu'à présent aucune société n'a vécu dans une pareille situation; presque toujours ce sont les propriétaires, ce sont les riches qui ont gardé le pouvoir public dans leurs mains. Aujourd'hui, la majorité est composée de gens qui ne possèdent pas, de gens qui portent le poids du jour, de gens qui sont exposés à toutes les tentations de la misère. Nous sommes obligés, si nous ne voulons pas périr par le suffrage universel, de développer l'éducation, de développer la moralité.

Voilà ce qui fait de l'éducation, ce qui fait d'une loi contre le jeu, d'une loi contre la débauche, d'une loi contre l'ivrognerie, de véritables institutions politiques. (Très-bien ! très-bien !)

Il faut que la moralité rentre dans ce pays; nous y travaillerons dans la mesure du possible sans nous faire illusion sur ce que nous pouvons obtenir, c'est-à-dire en législateurs et dans la mesure de la puissance législative.

Je viens maintenant à l'amendement que propose M. Testelin et que M. Naquet a défendu.

Cet amendement propose de remplacer toute la loi en discussion par les dispositions suivantes :

« Il est ouvert au ministère de l'intérieur un crédit de deux cent mille francs.

« Ce crédit sera consacré : 1° à favoriser la création et la propagation de sociétés ayant pour but de combattre l'abus des boissons alcooliques ; 2° à subvenir aux frais d'études des lois et règlements répressifs existant contre l'ivresse publique en Amérique, en Angleterre et en Suède. Cette étude comprendra aussi celle des asiles ou hôpitaux destinés à la guérison des ivrognes et connus sous le nom d'*inebriate asylum*. »

Je n'attaque pas le fond de cet amendement, mais je dis qu'il est inutile de dépenser 200,000 francs, d'inscrire cette somme au budget pour savoir ce qui se fait à l'étranger. Vous avez tous lu le rapport si remarquable de notre collègue M. Roussel, qui a réuni les documents les plus curieux de la législation sur l'ivrognerie. Vous trouverez une foule de bons ouvrages, celui du docteur Bergeret, celui du docteur Fouille, qui ont fait connaître tout ce qui s'est fait par les associations contre l'ivrognerie aussi bien que l'établissement des hôpitaux d'ivrognes, sur lesquels je demanderai la permission de dire deux mots.

On s'est aperçu que l'ivrognerie qui, au début, est un vice, finit par devenir une maladie. C'est ainsi qu'on a tranché une question qui partageait depuis longtemps les jurisconsultes : si l'ivresse aggravait un crime ou si, au contraire, elle l'excusait.

Il est évident que, quand un homme, pour se donner le courage de commettre une mauvaise action, boit de l'alcool, l'ivresse est une circonstance aggravante ; mais il est certain aussi qu'arrivé à un degré de maladie, l'estomac devient souffrant, et qu'il suffit d'une quantité d'alcool excessivement petite pour jeter l'homme dans l'ivresse. Il est évident que, dans ce cas, on a affaire à une maladie. Eh bien ! les Américains ont établi des hôpitaux ; mais ces hôpitaux qu'on nous prie d'étudier ne peuvent exister qu'à la condition d'avoir une loi comme la nôtre ; car si on allait demain dire à un ivrogne de vouloir bien se rendre à l'hôpital, où l'on ne boit que de l'eau, assurément il n'irait pas volontiers. Il faut donc une loi qui le condamne, et qui lui fasse faire sa prison à l'hôpital. Par conséquent, la première condition, avant d'étudier ces hôpitaux d'ivrognes, c'est d'abord de voter notre loi.

Telle est, messieurs, la raison qui fait que la commission refuse d'adopter l'amendement. Non pas qu'elle ne trouve les associations contre l'ivrognerie excellentes, et que les hôpitaux d'ivrognes ne soient dignes d'être étudiés davantage; mais elle croit qu'il est inutile de grever de 200,000 fr. le budget dans les circonstances présentes, quand on peut, d'ailleurs, étudier dans des livres français ce qui se fait dans l'Amérique.

Voilà pourquoi, messieurs, nous vous prions de voter notre loi et de ne pas adopter l'amendement. (Très-bien ! très-bien ! — Applaudissements.)

M. LE PRÉSIDENT. Je consulte l'Assemblée sur le contre-projet qui a été présenté par M. Testelin, et qui est ainsi conçu :

« Il est ouvert au ministère de l'intérieur un crédit de « 200,000 francs.

« Ce crédit sera consacré : 1° à favoriser la création et la pro-« pagation de sociétés ayant pour but de combattre l'abus des « boissons alcooliques ; 2° à subvenir aux frais d'études des lois « et règlements répressifs existant contre l'ivresse publique en « Amérique, en Angleterre et en Suède. Cette étude com-« prendra aussi celle des asiles ou hôpitaux destinés à la gué-« rison des ivrognes et connus sous le nom d'*inebriate asylum*.

(L'Assemblée consultée n'adopte pas le contre-projet.)

M. LE PRÉSIDENT. Il y a un autre projet présenté par M. Hervé de Saisy.

M. HERVÉ DE SAISY. Je le retire.

M. LE PRÉSIDENT. Alors nous revenons au texte du projet de loi. (*Ce texte n'a reçu aucune modification ; voir ci-après la loi votée.*)

Aucun amendement n'ayant été proposé sur les treize articles que je viens de lire, ils sont maintenus.

Viennent maintenant des dispositions additionnelles proposées par M. Dezanneau...

M. EDOUARD MILLAUD. Je demande à faire une observation.

M. LE PRÉSIDENT. Vous avez la parole.

M. ÉDOUARD MILLAUD. Dans la commission dont j'ai l'honneur de faire partie, nous avons été unanimes à reconnaître que l'ivresse, l'ivrognerie, l'alcoolisme sont des plaies sociales et qu'il est indispensable de les guérir. On peut différer sur les causes de la maladie et sur les moyens de la combattre, mais tout le monde doit être d'accord pour constater qu'il y a là un grand mal et qu'il faut sans retard y porter remède. J'ai préparé et présenté plusieurs amendements; la commission les

2

ayant discutés, m'a fait quelques concessions. Sans être satisfait de la loi, je sais quelle difficulté j'éprouverais à insister.

Je ne veux pas cependant oublier de présenter à l'Assemblée une observation qui la touchera, j'en suis convaincu. Elle est relative à un fait qui s'est accompli il y a quelques jours, et qui est digne d'appeler l'attention du législateur. Pour qu'il n'y ait pas d'équivoque, je m'empresse de dire, de répéter, — et je serais désespéré qu'on se méprît sur ma pensée : il faut respecter les lois, si mauvaises qu'elles soient, tant qu'elles existent. Mais enfin nous avons de telles lois sur la presse que le colportage des brochures inconvenantes, obscènes, immorales pour tous les partis possibles, ne peut être empêché, parce que ces sortes de brochures sont toujours distribuées clandestinement ; tandis que les brochures honnêtes, celles qui pourraient être distribuées dans les campagnes pour empêcher l'ivrognerie, ce vice de l'ivresse et cette maladie de l'alcoolisme, ne peuvent se répandre librement.

A titre d'exemple, je signalerai à l'Assemblée ce qui est advenu il y a quelques jours : Un honorable pasteur protestant, M. Didier, part de Genève avec un paquet de brochures ; il arrive à Culoz, descend à la station, et il s'imagine qu'il peut distribuer ses brochures contre l'ivresse. Erreur ! Il est arrêté, mis en prison, obligé de donner 500 francs pour obtenir sa mise en liberté provisoire, et enfin condamné à 100 francs d'amende par un des tribunaux du département de l'Ain.

Devant la Cour, sa cause a été très-chaudement soutenue, et, dans les considérants de l'arrêt qui a été rendu, savez-vous ce que je lis? Le voici : « La Cour, considérant que les brochures saisies sont irréprochables... abaisse la peine à 50 fr. d'amende.»

Messieurs, en présence de tels faits, je dis que, si nous voulons réformer nos mœurs, il faut commencer par réformer nos lois et particulièrement celles qui empêchent de répandre la lumière à flots et de relever les intelligences.

Il n'était pas inutile de dire cela à la tribune. (Mouvements divers.)

M. Savary. Le pasteur dont vous parlez n'avait qu'à demander l'autorisation de distribuer ses brochures ; on ne la lui aurait pas refusée !

Sur divers bancs. Quel rapport cela a-t-il avec la question ? —

Cela n'a aucun rapport avec la loi! — C'est étranger à la question!

M. le Président. Je n'ai pas interrompu l'orateur : j'attendais pour voir comment il arriverait à la loi. (Rires.)

M. Édouard Millaud. M. le président n'a peut-être pas entendu. Les brochures que distribuait M. le pasteur Didier étaient des brochures contre l'ivresse. C'est ce que j'ai eu l'honneur de dire à l'Assemblée.

M. le Président. Même avec cette circonstance, il m'est difficile de comprendre comment cela était dans la question. (Nouveaux rires.)

M. Dezanneau propose deux articles additionnels ainsi conçus :

« Art. 1ᵉʳ. — Aucun débit de boissons ne pourra être autorisé « sans l'avis d'un comité local, composé du maire, du plus « âgé des membres du bureau de bienfaisance de la commune, « du juge de paix, du conseiller d'arrondissement et du conseil- « ler général du canton, qui le présidera.

« Art. 2. — Au décès d'un débitant de boissons, le comité « local devra également être consulté pour dire s'il y a lieu « d'autoriser un nouveau titulaire. »

La parole est à M. Dezanneau.

M. Dezanneau. Messieurs, je crois que nous reconnaissons tous la nécessité de moraliser le pays, si nous voulons le voir tenir le rang qui lui appartient. Cette œuvre considérable n'est sans doute pas aussi difficile qu'on pourrait le penser, si ceux qui gouvernent veulent développer dans la nation ce sentiment **du devoir**

La loi qui nous occupe en ce moment doit contribuer puissamment à nous faire atteindre le but que nous nous proposons.

Mais une chose vous aura frappés comme moi : c'est qu'on ne fait rien pour l'empêcher. Depuis assez longtemps, vous aurez remarqué qu'on autorise, sans motifs avouables, une foule de cabarets, on les autorise dans les endroits les plus reculés, là où ils ne peuvent vivre que des excès mêmes des gens de la localité, et où presque toute surveillance est impossible.

Je sais qu'on dira que le comité que je propose est inutile, que les maires sont consultés.

Oui, les maires sont consultés, mais le plus souvent pour

la forme. On ne tient généralement aucun compte de leur avis, soit qu'il s'agisse d'ouvrir ou de supprimer un cabaret.

J'ai là de nombreuses preuves de ce que j'ai l'honneur de vous dire; vous me permettrez d'en citer deux seulement parce qu'elles sont d'une date récente.

Dans l'une des grandes communes du département que j'habite, la Loire-Inférieure, commune administrée par un maire considérable par sa position, son intelligence et son dévoûment, un aubergiste est supprimé et même condamné à la prison. Après l'expiration de sa peine, il revient dans sa commune et, ne pouvant plus être autorisé à ouvrir un débit, il a trouvé un moyen ingénieux pour y suppléer.

Il s'est adressé à un homme qui habite une commune voisine, qui était possesseur d'une licence, et est parvenu à se faire autoriser en ses lieu et place. Le maire a fait tous ses efforts pour l'empêcher et a donné ses motifs pour éclairer l'administration. Vous croyez peut-être que l'individu qui devait succéder à cet autre était un homme digne d'intérêt et d'une conduite irréprochable. Effectivement, on l'a dit. J'ai entre les mains une lettre de l'administration supérieure qui certifie que cet homme n'a jamais subi de condamnation et j'ai devers moi la preuve authentique qu'il a été condamné le 2 novembre 1871 et le 21 septembre 1872 pour contravention aux règlements sur la police des cabarets. Eh bien, on a cependant passé outre et autorisé ce débitant.

S'il y avait eu un comité local, ainsi que j'ai eu l'honneur de l'exposer, comité composé d'hommes qui, par leur position, auraient pu appuyer et donner plus de crédit aux dires du maire, évidemment il n'y aurait pas eu cet abus et ce scandale.

Dans une autre commune, à quelques pas de là, est un aubergiste aussi fort mal noté; dernièrement un fait grave s'y est passé, une rixe terrible y a eu lieu, le sang a coulé abondamment, et trois jours après on en voyait les traces.

Le maire a demandé que ce cabaret fût fermé. Savez-vous ce qu'a dit l'administration supérieure? Que les faits n'étaient pas encore assez prouvés. Que fallait-il donc? Fallait-il mort d'homme? La justice est saisie de l'affaire, on ne peut le nier.

Ici, messieurs, il ne s'agit pas de politique, mais d'une question de haute moralité. Si nous voulons avoir une armée disciplinée, il faut habituer les jeunes gens à ne pas passer leur temps dans les cabarets où ils prennent des habitudes de licence et de débauche qu'ils apportent à l'armée.

Si nous avons à chaque pas des cabarets ouverts, c'est une tentation continuelle; je crois que non-seulement nous devons punir la faute, mais aussi empêcher l'occasion qui fait commettre cette faute. C'est pour cela que j'ai eu l'honneur de proposer mon amendement. (Très-bien! très-bien!)

M. Bigot. Je demande la parole.

M. le Président. La parole est à M. Bigot.

M. Bigot. Messieurs, nous sommes tous d'accord dans cette Assemblée sur la nécessité de limiter le nombre des débits de boissons, et cependant la commission n'a pas cru devoir accepter l'amendement proposé par M. Dezanneau. En voici les raisons : D'accord en cela avec les auteurs des propositions qui lui avaient été renvoyées, la commission a cherché à faire une loi répressive et non pas une loi de police administrative. Nous avons voulu réprimer l'ivresse dans ses manifestations publiques, rien de plus, et nous avons reculé devant l'élaboration d'une loi tendant à la prévenir. Les moyens préventifs de l'ivrognerie sont fort nombreux. Si nous étions entrés dans la voie où nous convie l'honorable M. Dezanneau, si, sortant du cadre qui nous était en quelque sorte tracé par les propositions de loi que vous avez renvoyées à notre examen, nous avions voulu faire une loi préventive, nous aurions eu, pour vous apporter un travail complet, à examiner non pas seulement les mesures propres à limiter le nombre des cabarets, mais bien d'autres mesures qui ont été indiquées au cours de cette discussion. Nous aurions dû examiner, notamment, s'il ne fallait pas, comme en Amérique, créer des hospices pour les individus adonnés à l'ivrognerie, augmenter le prix de l'alcool, prohiber le commerce de certaines liqueurs, s'il ne fallait pas, en un mot, édicter une série de dispositions législatives dans la discussion desquelles nous ne pouvons entrer sans nous heurter à des questions budgétaires fort inopportunes dans les circonstances actuelles. Voilà pourquoi nous avons repoussé l'amendement de M. Dezanneau.

D'ailleurs, que notre honorable collègue me permette de le lui dire, son amendement n'est point présenté à son heure. L'Assemblée, en effet, est saisie d'une proposition de loi portant abrogation du décret de 1851 sur l'ouverture des cabarets ou débits de boissons à consommer sur place. Cette proposition émane de l'initiative d'un autre de nos collègues, M. Bouchet.

Elle a pour but de remplacer le décret de 1851 par une série de mesures sur lesquelles je n'ai point à donner mon opinion en ce moment ; mais, lorsque la discussion de cette proposition viendra devant l'Assemblée, l'amendement de M. Dezanneau trouvera nécessairement sa place, puisque, d'accord en ce point avec M. Bouchet, il propose une modification au décret de 1851. Ils ne sont point d'accord, il est vrai, sur le but à poursuivre : l'un trouve le décret inefficace, et veut le compléter ; l'autre le trouve trop rigoureux, et veut l'abroger ; mais peu importe ! leurs propositions, quoique inspirées par un sentiment différent, ont un lien de connexité qui impose un examen simultané.

S'il me fallait, d'ailleurs, entrer aujourd'hui dans la discussion du fond même de la question, je demanderais à M. Dezanneau si le moyen proposé par lui serait aussi efficace qu'il le suppose. Je ne crois pas que les maires, les municipalités, même en leur adjoignant quelques éléments électifs comme les conseillers généraux ou les conseillers d'arrondissement, puissent former une commission ayant une autorité suffisante pour empêcher la création de débits de boissons dans leurs communes. (Au contraire!)

Je suis même disposé à penser que si le système de M. Dezanneau était expérimenté pendant quelques années, loin d'atteindre le but qu'il poursuit, à savoir la diminution des débits de boissons, il aurait pour résultat d'en augmenter considérablement le nombre. (Très-bien ! très-bien !)

J'ajoute que c'est une mauvaise arme à mettre entre les mains des municipalités quelles qu'elles soient.

Lors de la seconde lecture de la loi qui nous occupe, j'ai entendu accuser le gouvernement précédent d'avoir fait de la multiplication des débits de boissons un instrument de lutte électorale. Je ne sais pas si cette accusation est fondée, je ne la discute pas ; mais il suffit qu'elle ait été produite pour que je sois autorisé à dire à M. Dezanneau : Si l'on a pu accuser le gouvernement lui-même d'avoir fait de l'augmentation des débits de boissons un moyen de corruption en matière électorale, que ne pourrait-on pas dire des municipalités, si cette arme était laissée à leur disposition?

L'Assemblée me permettra peut-être de lui rappeler un souvenir qui ne date pas de loin, un procès qui a eu quelque retentissement.

Il s'est trouvé un maire qui avait imaginé l'ingénieuse distinction entre les volailles appartenant aux amis du gouvernement et celles qui appartenaient à ses adversaires. (On rit.)

Plusieurs membres. Le maire Classiard !

M. Bigot. Aux premières il tolérait quelques libertés d'allures, et ne laissait point divaguer les secondes.

Je craindrais, si l'amendement de M. Dezanneau était admis, qu'il ne se trouvât des municipalités faciles à permettre l'ouverture de cabarets à leurs amis, à leurs électeurs, impitoyables, au contraire, pour leurs adversaires politiques.

Le remède non-seulement serait inefficace, mais il serait désastreux en lui-même. D'ailleurs, je le répète, ce n'est pas le fond de la question que je veux discuter en ce moment. L'amendement de M. Dezanneau ne propose aucune mesure répressive de l'ivresse. Son examen serait prématuré, il pourra être reproduit d'une manière utile lors de la discussion de la proposition de M. Bouchet. (Marques d'approbation.)

M. Dezanneau. Mais la proposition de M. Bouchet est repoussée par la commission.

M. le Président. Je mets aux voix l'article 1er des deux articles additionnels présentés par M. Dezanneau.

M. Dezanneau. Je retire mon amendement.

M. le Président. M. de Pompéry propose une autre proposition additionnelle ainsi conçue :

« Il est interdit d'établir sans autorisation, dans les campa-
« gnes, en dehors des agglomérations de population, des débits
« à emporter débitant de l'alcool. »

M. le rapporteur. La commission repousse cet amendement par les mêmes raisons que celles qui viennent d'être développées.

M. de Pompéry. On va sans doute m'opposer aussi une fin de non-recevoir ; cependant je désirerais développer mon amendement, parce qu'on ne connaît pas la situation dans les différentes contrées de la France.

M. le Président. C'est votre droit !

M. de Pompéry. D'ailleurs, nous ne savons pas quand la proposition de M. Bouchet sera mise en discussion ; elle n'y viendra pas.

Je désire développer l'amendement dont on vient de donner lecture, parce que j'appartiens à un pays où l'ivrognerie est arrivée à l'état de véritable fléau. Je ne veux pas examiner la question au point de vue des pays vignobles où l'on consomme du vin, boisson salutaire quand on n'en fait pas abus toutefois, mais au point de vue du pays où la vigne ne croît pas et où l'on ne consomme que de l'eau-de-vie. Il est certain que, dans ces pays-là et dans un grand nombre de contrées, l'ivrognerie se développe d'une façon déplorable, d'une façon alarmante; les femmes elles-mêmes s'y adonnent... (Exclamations) et il en résulte nécessairement de graves désordres dans les familles.

Je répondrai à ceux qui rient que c'est un triste spectacle et une école de démoralisation pour les enfants, quand la mère de famille s'enivre. (C'est vrai! — Parlez!)

D'un autre côté, il n'y a qu'à supputer toutes les pertes qu'entraîne l'ivrognerie : les morts violentes, accidentelles, les crimes et les délits qu'elle engendre, les dépenses d'emprisonnement et de Cour d'assises, l'augmentation du nombre des aliénés, des enfants trouvés et abandonnés, des familles qui tombent dans l'indigence, le temps perdu pour la production par les ouvriers et par les cultivateurs ; il n'y a qu'à supputer tout cela pour se rendre compte des pertes qu'occasionnent les progrès de l'ivrognerie dans les campagnes.

Tous ceux d'entre nous qui ont été jurés savent très-bien que, dans les pays d'ivrognerie, les deux tiers au moins des affaires qui arrivent aux assises ont pris naissance au cabaret, et qu'au contraire dans les pays où il y a peu d'ivrognes, la moralité est meilleure, les prisons sont moins remplies.

Il importe donc, dans l'intérêt même des populations, de prendre des mesures pour restreindre autant que possible un vice si funeste.

De quelle nature doivent être les mesures ? C'est là, à ce qu'il me semble, qu'est la question.

Lors de la deuxième délibération, on a parlé de l'ivrognerie des Bretons. Bien souvent les cultivateurs bretons m'ont dit : « On nous rendrait un éminent service si on pouvait éloigner de nous les cabarets, et surtout les débits à emporter. » En effet, l'administration est complétement désarmée quant aux débits à emporter, qui ne sont pas soumis à l'autorisation comme les cabarets, qui peuvent s'établir partout, et qui s'établissent en effet en Bretagne et dans les pays analogues, au sein des populations éparses, disséminées dans les campagnes les plus écartées, où il n'y a aucun moyen de police, où il n'existe aucun moyen de surveillance, où il n'y a ni gendarmerie, ni garde champêtre, et où les cultivateurs trouvent journellement, à toute heure, et pour ainsi dire sous la main la détestable boisson qui les empoisonne et détruit leur santé, qui les conduit à l'oisiveté et à la ruine.

Il me semble que la loi qu'on vote actuellement manque de la disposition essentielle qui devrait y figurer : la limitation du nombre des cabarets sur les bases de la population, comme on le fait en Suède. Assujettir, dans les campagnes, les débits à emporter à l'autorisation dont ils sont dispensés à l'heure qu'il est, développer, comme on l'a dit, l'instruction primaire, favoriser la consommation du vin, du cidre et de la bière, seraient, je crois, des moyens plus sûrs de réprimer l'ivrognerie que les pénalités souvent peu applicables qui sont édictées dans cette loi. Je crois que c'est surtout par des moyens de police, par des moyens d'ordre public, par la réduction des débits à consommer sur place que l'on peut combattre efficacement les causes de l'ivrognerie.

C'est sans doute ce sentiment qui a porté M. Dezanneau à vous présenter son amendement; c'est le même sentiment qui me porte à vous présenter celui dont vous venez d'entendre la lecture. C'est le texte ou du moins c'est le sens d'un vœu qui a été formulé depuis plusieurs années par le conseil général du Finistère, et qu'il me paraît désirable de transformer en disposition législative, car dans nos campagnes, où la population est disséminée, où il n'y a que des hameaux, où les villages sont rares, clair-semés, les débits à emporter ne sont pas autre chose que des cabarets déguisés, débitant sur place et ne débitant que de l'eau-de-vie.

Qu'arriverait-il si la proposition que je fais passait en article de loi, soit ici, soit dans le projet de M. Bouchet ?

Partout où les débits à emporter sont utiles, partout où ils servent à procurer aux populations des boissons salutaires, comme cela a lieu dans certains pays, évidemment, ils seraient autorisés. Mais partout où ils sont nuisibles, partout où ils ne servent qu'à favoriser le débit de l'eau-de-vie, ils seraient interdits. C'est là le but que nous voudrions atteindre. Souvent j'ai demandé aux populations de ma localité : Qu'arriverait-il si dans chacune des sections de la commune on établissait un cabaret ou un débit à emporter? On me répondait : Nous deviendrions tous des ivrognes d'habitude, et avant dix ans nous serions tous ruinés.

Vous voyez, messieurs, que les cabarets et les débits à emporter, qui ne débitent que de l'eau-de-vie, sont de véritables fléaux pour les populations rurales. Voilà le motif qui m'a fait présenter mon amendement, qui, paraît-il, ne serait pas ici à sa place; j'insiste, cependant, sur ce point que la législation actuelle favorise le développement et la propagation des cabarets et des débits à emporter au sein des campagnes les plus écartées; et c'est ce que nous voudrions empêcher. (Très-bien ! très-bien !)

M. DESJARDINS, *rapporteur*. Maintenez-vous votre amendement, monsieur de Pompéry ?

M. DE POMPÉRY. Je le retire pour le représenter lors de la discussion de la proposition de M. Bouchet.

M. LE PRÉSIDENT. L'amendement étant retiré, je n'ai pas à le mettre aux voix.

Je consulte maintenant l'Assemblée sur l'ensemble du projet de loi.

(*L'ensemble du projet de loi est mis aux voix et adopté.*)

§ 3. TEXTE DE LA LOI SUR L'IVRESSE

(VOTÉE LE 23 JANVIER 1873).

Art. 1er. Seront punis d'une amende de un à cinq francs inclusivement ceux qui seront trouvés en état d'ivresse manifeste dans les rues, chemins, places, cafés, cabarets ou autres lieux publics.

Les articles 474 et 483 du Code pénal seront applicables à la contravention indiquée au paragraphe précédent.

Art. 2. En cas de nouvelle récidive, conformément à l'article 483, dans les douze mois qui auront suivi la deuxième condamnation, l'inculpé sera traduit devant le tribunal de police correctionnelle et puni d'un emprisonnement de six jours à un mois et d'une amende de 16 francs à 300 francs.

Quiconque ayant été condamné en police correctionnelle pour

ivresse, depuis moins d'un an, se sera de nouveau rendu coupable du même délit, sera condamné au maximum des peines indiquées au paragraphe précédent, lesquelles pourront être élevées jusqu'au double.

Art. 3. Toute personne qui aura été condamnée deux fois en police correctionnelle pour délit d'ivresse manifeste, conformément à l'article précédent, sera déclarée par le second jugement incapable d'exercer les droits suivants :

1° De vote et d'élection ;

2° D'éligibilité ;

3° D'être appelée ou nommée aux fonctions de juré ou autres fonctions publiques, ou aux emplois de l'administration ou d'exercer ces fonctions ou emplois ;

4° De port d'armes ;

Pendant deux ans à partir du jour où la condamnation sera devenue irrévocable.

Art. 4. Seront punis d'une amende de un à cinq francs inclusivement les cafetiers, cabaretiers et autres débitants qui auront donné à boire à des gens manifestement ivres, ou qui les auront reçus dans leurs établissements, ou auront servi des liqueurs alcooliques à des mineurs âgés de moins de seize ans accomplis.

Toutefois, dans le cas où le débitant sera prévenu d'avoir servi des liqueurs alcooliques à un mineur âgé de moins de seize ans accomplis, il pourra prouver qu'il a été induit en erreur sur l'âge du mineur; s'il fait cette preuve, aucune peine ne lui sera applicable de ce chef.

Les articles 474 et 483 du code pénal seront applicables aux contraventions indiquées aux paragraphes précédents.

Art. 5. Seront punis d'un emprisonnement de six jours à un mois et d'une amende de 16 à 300 fr., les cafetiers, cabaretiers et autres débitants qui, dans les douze mois qui auront suivi la deuxième condamnation prononcée en vertu de l'article précédent, auront commis un des faits prévus dudit article.

Quiconque, ayant été condamné en police correctionnelle pour l'un ou l'autre des mêmes faits, depuis moins d'un an, se rendra de nouveau coupable de l'un ou de l'autre de ces faits, sera condamné au maximum des peines indiquées au paragraphe précédent, lesquelles pourront être portées jusqu'au double.

Art. 6. Toute personne qui aura subi deux condamnations en police correctionnelle pour l'un ou l'autre des délits prévus en l'article précédent, pourra être déclarée par le second jugement incapable d'exercer tout ou partie des droits indiqués en l'article 3.

Dans le même cas, le tribunal pourra ordonner la fermeture de l'établissement pour un temps qui ne saurait excéder un mois, sous les peines portées par l'article 3 du décret du 29 décembre 1851.

Il pourra aussi, sous les mêmes peines, interdire seulement au débitant la faculté de livrer des boissons à consommer sur place.

Art. 7. Sera puni d'un emprisonnement de six jours à un mois et d'une amende de 16 à 300 francs, quiconque aura fait boire jusqu'à l'ivresse un mineur âgé de moins de seize ans accomplis.

Sera puni des peines portées aux articles 5 et 6, tout cafetier, cabaretier et autre débitant de boissons qui, ayant subi une condamnation en vertu du paragraphe précédent, se sera de nouveau rendu coupable, soit du même fait, soit de l'un ou de l'autre des faits prévus en l'article 4, 1°, dans le délai indiqué en l'article 5, 2°.

Art. 8. Le tribunal correctionnel, dans les cas prévus par la présente loi, pourra ordonner que son jugement soit affiché à tel nombre d'exemplaires, et en tels lieux qu'il indiquera.

Art. 8. L'article 463 du Code pénal sera applicable aux peines d'emprisonnement et d'amende portées par la présente loi.

L'article 59 du même Code ne sera pas applicable aux délits prévus par la présente loi.

Art. 10. Les procès-verbaux constatant les infractions prévues dans les articles précédents seront transmis au procureur de la République, dans les trois jours au plus tard, y compris celui où aura été reconnu le fait sur lequel ils sont dressés.

Art. 11. Toute personne trouvée en état d'ivresse dans les rues, chemins, places, cafés, cabarets ou autres lieux publics, pourra être, par mesure de police, conduite à ses frais au poste le plus voisin, pour y être retenue jusqu'à ce qu'elle ait recouvré sa raison.

Art. 12. Le texte de la présente loi sera affiché à la porte de toutes les mairies et dans la salle principale de tous cabarets, cafés et autres débits de boissons. — Un exemplaire en sera adressé à cet effet à tous les maires et à tous les cabaretiers, cafetiers et autres débitants de boissons. Toute personne qui aura détruit ou lacéré le texte affiché sera condamnée à une amende de 1 à 5 fr. et aux frais du rétablissement de l'affiche. — Sera puni de même tout cabaretier, cafetier ou débitant chez lequel ledit texte ne sera pas trouvé affiché.

Art. 13. Les gardes champêtres sont chargés de rechercher, concurremment avec les autres officiers de police judiciaire, chacun sur le territoire sur lequel il est assermenté, les infractions à la présente loi. Ils dressent des procès-verbaux pour constater ces infractions.

---

§ 4. — COMMENTAIRE.

—

ARTICLE PREMIER.

« *Seront punis d'une amende de 1 à 5 francs inclusivement ceux qui seront trouvés en état d'ivresse manifeste dans les rues, chemins, places, cafés, cabarets ou autres lieux publics.*
« *Les articles 474 et 483 du Code pénal seront applicables à la contravention indiquée au paragraphe précédent.* »

Lors de la discussion de cet article, on a demandé ce que la commission entend par ces mots : « *ivresse manifeste.* » Il n'est pas très-difficile à la commission, a dit M. le rapporteur, de répondre à la question. « Il y a dans loi pénale des délits qui sont susceptibles de définition, il y en a d'autres, au contraire, dont la définition n'est guère possible. Toute la catégorie des délits qualifiés d'attentats aux mœurs, notamment, rentrent dans cette catégorie, et l'ivresse est du nombre. Une définition déterminant les caractères précis auxquels on reconnaît l'ivresse et hors desquels elle ne devrait pas être punie est impossible, et demander une telle définition équivaudrait à demander qu'il n'y eût point de loi de répression de l'ivresse.

« Si donc vous pensez qu'il faille réprimer l'ivresse, il faut la prendre telle quelle est, telle que tout le monde peut l'apprécier. Si nous avons ajouté le mot « *manifeste* » au mot « *ivresse* », c'est dans une pensée de protection et d'équité, afin qu'il n'y eût pas d'hésitation possible et que les juges comprissent bien que leur devoir est de se montrer exigeants lorsque les preuves leur seront apportées et que nul doute ne s'élèvera dans leur esprit.

« Voilà ce que veulent dire les mots « *ivresse manifeste.* » C'est l'ivresse qui produit un scandale public par sa seule vue, et non pas par tel ou tel acte déjà répréhensible et puni par le droit criminel. C'est à ce scandale inséparable de l'ivresse manifeste, facile à attester par les témoins, facile à consigner dans un procès-verbal, que se reconnaîtra l'ivresse telle que nous la prévoyons et telle que nous vous demandons de la réprimer. »

M. Salneuve avait proposé à l'article 1er un amendement consistant à intercaler après ces mots : « *en état d'ivresse manifeste* » ceux-ci : « *et faisant scandale* »; mais cet amendement a été repoussé par le motif que par le fait même de l'état d'ivresse manifeste et constaté, il y un scandale public; or c'est une offense à la morale publique que de se montrer en état d'ivresse.

Ces mots : « *et faisant scandale* » ayant été repoussés, l'état d'ivresse constaté suffit donc pour constituer la contravention à notre loi; il ne suffit pas, en effet, que l'ivresse, pour être réprimée, soit offensive, agressive, se manifestant par des gestes, par des menaces ou des attaques contre les personnes; car l'ivrogne momentanément paisible n'en est pas moins un danger par sa tendance à commettre un délit ou un crime. Tout état d'ivresse manifeste, agressive ou inoffensive, doit donc être puni, parce que l'ivresse inoffensive, momentanément sans reproche, dès lors qu'elle est apparente, bien qu'elle n'alarme en aucune façon la pudeur ou la sécurité publique doit tomber sous le coup de notre loi, sauf en pareil cas à n'appliquer que la peine la plus légère; et il doit en être ainsi, sans attendre que l'ivresse se manifeste par des actes de nature à troubler l'ordre ou la tranquillité publique par des excès ou des sévices.

Mais, dit-on, punir l'ivresse *inoffensive* d'un homme qui ne fait du mal qu'à lui-même, est un acte bien rigoureux; est-ce qu'on ne pourrait pas raisonner de même vis-à-vis des vagabonds, des mendiants et des infractaires de ban, que la loi punit par le seul motif qu'ils se trouvent en cet état dangereux qui par lui-même cependant ne lèse personne? (De Neyremand, *Nécessité de réprimer l'ivresse*, p. 88 et suiv.) Eh bien! ajoute avec raison cet auteur, « les ivrognes sont dans le même cas; eux aussi sont une menace permanente, un danger continuel pour la société. Qui nous assure que cette masse inerte, paisible dans son apparente nullité, ne va pas tout à coup, galvanisée par une vapeur alcoolique, sortir de sa léthargie et se livrer à de graves violences? Le prétexte le plus insignifiant ne suffira-t-il pas pour allumer son humeur querelleuse? Qui nous dit que quelque fantaisie homicide ne va pas traverser son cerveau troublé? Ce phénomène physiologique ne s'est produit que trop souvent. Qu'on nous permette de citer, entre autres, un événement tragique qui nous revient en mémoire.

« Il y a quelques années, un individu gisait ivre mort dans un fossé qui bordait alors la promenade publique de Colmar. Cent personnes avaient passé à côté de lui sans qu'il eût donné signe de vie, et les agents de la police, le croyant hors d'état de faire du mal, n'avaient pas songé à le ramasser, quand tout à coup cet homme, se réveillant et emporté on ne sait par quelle hallucination, se redresse et se précipite sur un promeneur inoffensif auquel il plonge un couteau dans le ventre. On l'arrête alors, mais trop tard, hélas! Dans la nuit sa victime, artisan laborieux, honnête père de famille, mourait des suites de son affreuse blessure. »

Il y a malheureusement un grand nombre de cas de ce genre, et, comme toujours, c'est après la consommation du crime qu'on arrête l'ivrogne; nous avons donc raison d'interpréter la loi comme nous venons de le faire : l'ivresse *inoffensive* doit être punie tout comme l'ivresse *agressive*, par cette seule considération que l'homme ivre, par suite du désordre de ses sens, de la privation de sa raison, est une menace incessante pour la société ; il est toujours gros de délit alors même qu'il n'en commet pas à un certain moment, et c'est à cause de cette possibilité prochaine, de cette tendance criminelle, qu'il faut arrêter l'ivrogne sur le bord du précipice, sur la pente du crime.

La loi, avons-nous dit, punit les vagabonds, mendiants et ceux qui sont en rupture de ban, parce qu'en cet état, ils menacent éventuellement la chose publique; il doit en être de même de l'homme ivre; car on ne pourait pas, en effet, indiquer un seul crime, un seul délit, un seul fait de nature à porter atteinte à la propriété ou à la sécurité des personnes, dont l'ivresse ne puisse être l'occasion plus ou moins prochaine. L'homme qui se met en état d'ivresse, abdiquant ainsi plus ou moins volontairement sa raison, se constitue, par ce fait, en tentation permanente d'actes criminels ou délictueux; devenu brute, aucune loi humaine ne contient ses instincts malfaisants.

Le caractère indispensable pour constituer la contravention, c'est que l'ivresse soit *publique.* Quelque répréhensible que soit le vice secret et caché, il ne pouvait, en effet, être frappé d'une pénalité; l'homme qui s'abandonne à l'ivrognerie dans l'intérieur de son habitation commet, sans doute, un acte que la morale réprouve, mais qui échappe à la répression édictée par la loi. Il en est autrement lorsque la décence publique est offensée par le spectacle honteux de ces individus troublés et abrutis par l'excès des boissons alcooliques qui, indépendamment du scandale qu'ils causent, sont malheureusement trop souvent, le cas échéant, une occasion de désordre et d'atteinte au repos et à la tranquillité publique des citoyens.

DES LIEUX PUBLICS.

L'article 1er de la nouvelle loi, comme on vient de le voir, punit le fait d'ivresse manifeste des individus trouvés non-seulement dans les rues, chemins, places, cafés, cabarets, mais encore dans tous autres lieux publics; il importe donc d'examiner ce que l'on entend par ces mots *et autres lieux publics.*

Un lieu est public *par sa nature* ou *par sa destination;* il est public d'une manière *absolue* ou d'une manière *relative.*

Les lieux publics *par leur nature* sont les rues, les places, les promenades, les routes, les chemins, en un mot tous les lieux où le public est admis à circuler sans obstacles et sans conditions : leur caractère public, en ces cas, est absolu et permanent. Cass., 26 mars 1813, 10 mars 1814, 19 avril 1829.

Il suffit qu'un individu y soit surpris en état d'ivresse manifeste sur la superficie qu'ils occupent, pour qu'il soit constitué en contravention à la loi, quelle que soit l'heure du jour ou de la nuit, quel que soit le nombre des passants ou des assistants.

Un chemin est lieu public par sa nature, lors même qu'il ne serait pas classé administrativement parmi les voies de communication reconnues, pourvu que son assiette ne repose pas sur le sol d'une propriété privée.

L'on doit considérer les chemins ouverts qui traversent les héritages d'autrui comme des lieux publics par destination, tant qu'ils demeurent affectés par le propriétaire à un passage non interrompu et commun.

Mais les sentiers de pure tolérance dans les héritages, ouverts accidentellement, ceux exclusivement destinés au service des fonds ruraux, ou qui n'ont point d'issue, sont sans aucun caractère public.

Les lieux sont publics *par leur destination*, lorsqu'ils sont ouverts à tous ceux qui veulent s'y introduire dans un but déterminé, comme les *églises*, les *salles d'audience*, les bibliothèques, les musées, les auberges, les cafés et les établissements de même nature, à partir du moment où les portes sont ouvertes au public, jusqu'au moment où elles sont fermées.

Il n'est pas toujours facile de bien déterminer ce qui est un lieu public par destination et seulement d'une manière relative, parce qu'il peut se faire que quelques-unes de ses dépendances se trouvent distraites, soit accidentellement, soit constamment, de cette destination. Ainsi, un café, un cabaret, une auberge, sont assurément des lieux publics, ainsi que toutes les dépendances destinées *habituellement* à recevoir le public.

D'où il suit que la chambre particulière du maître de ces établissements, les celliers, les caves, les greniers et d'autres pièces de cette nature peuvent, selon les circonstances, n'être pas considérés comme des lieux publics. Cass., 1er août 1845.

A plus forte raison faut-il dire de même de la partie qui serait occupée à titre de bail à ferme par un particulier, car alors l'appartement loué pourrait être une dépendance de l'édifice, mais il ne ferait pas, durant le bail, partie intégrante de l'établissement.

Nous sommes même d'avis que ce mode de décider ne doit pas seulement s'appliquer au cas où une partie de l'établissement aurait été réellement distraite de sa destination pour être affectée à l'habitation d'un locataire ordinaire, mais qu'il faut l'étendre au cas du voyageur qui occupe une chambre.

Sans doute, on peut dire que le voyageur est bien à la vérité un locataire, mais que la location qu'il contracte a quelque chose de tout particulier; qu'elle a lieu tacitement, et comme conséquence nécessaire de sa qualité et condition d'étranger; que c'est comme dépendance de l'établissement que la chambre ou l'appartement est consacré à l'habitation; enfin, que le voyageur n'étant reçu que parce que le lieu est public, il serait étrange que ce lieu perdît son caractère au moment même où il est employé à sa véritable destination.

Mais il est difficile de bien distinguer entre le voyageur et le locataire, entre celui qui loue pour un jour ou pour un mois et celui qui loue pour six mois ou un an. Le caractère du lieu public, c'est l'entrée libre, avec ou sans condition; c'est la faculté d'aller, de venir, de s'arrêter, de rester. Or la chambre du maître de l'établissement appartient au voyageur pendant qu'il l'occupe; il a la faculté d'en conserver la clef; nul ne peut y pénétrer sans son consentement; il y est maître comme dans son propre domicile. Souvent il lui arrive d'avoir avec lui sa famille et ses domestiques, de vivre en son particulier, de recevoir ses amis, et cependant il n'est que simple passager voyageant pour ses affaires ou pour ses plaisirs, et payant son gîte à la journée. Le local qu'il occupe ne nous paraît donc pas devoir être considéré comme lieu public, quoique dépendant des bâtiments de l'établissement. Il faudrait, s'il en devait être autrement, assimiler son appartement à la salle à manger, au salon, à la cour, aux escaliers, aux corridors de l'établissement, lieux essentiellement publics à toute heure du jour et de la nuit. C'est ce que nous ne saurions admettre, bien que nous reconnaissions que la question présente des difficultés sérieuses. Mais enfin, dans l'espèce, il nous paraît prudent, dans le doute, de décider dans le sens qui favorise la liberté des individus et écarte la contravention.

Toutefois, il n'en serait pas ainsi, hâtons-nous de le dire, si le local ou appartement destiné à recevoir le voyageur comme individu, à lui fournir un abri, un moyen de repos et d'isolement, était détourné de sa destination et affecté au même usage que les parties essentiellement publiques de l'établissement; si, par exemple, une chambre quelconque était convertie accidentellement en salle de service, en lieu de réunion pour un certain nombre de personnes, alors même que l'entrée n'en serait pas permise au public en général.

Par suite, il faut décider que les cafés, estaminets, tavernes, restaurants et autres maisons de même nature où l'on est admis à consommer constituent des lieux publics, mais seulement dans la partie de ces établissements destinée à recevoir ou affectée momentanément à cette destination.

On doit considérer comme lieux publics les bureaux de toutes les administrations publiques, les greffes des Cours et tribunaux, pendant les heures de leur ouverture.

Une dépendance d'un lieu public peut n'être qu'un lieu privé, comme la dépendance d'un lieu privé peut devenir un lieu public à raison des circonstances accidentelles qui lui attribuent cette destination. Ainsi, les juges de paix sont autorisés à tenir, dans certaines circonstances, leurs audiences à leur domicile personnel; il est évident, en pareil cas, que depuis l'ouverture jusqu'à la clôture de l'audience, la partie de la maison affectée à cet usage perd son caractère de propriété privée pour se convertir en lieu public.

Il en est de même de certaines communes rurales dans lesquelles le domicile du maire sert de maison commune; une partie de ce domicile reçoit de cette destination le caractère de lieu public pendant le temps où le public y est reçu.

Ajoutons à ces considérations que l'autorité municipale est chargée de la police des lieux publics; elle les surveille par ses agents et fait les règlements propres à y maintenir le bon ordre.

Les agents de la police administrative peuvent pénétrer dans les lieux publics à toute heure de jour et même de nuit, pourvu, dans ce dernier cas, que le lieu soit encore ouvert au public; car s'il était fermé, il serait inviolable. Il n'y a d'exception que pour les maisons de débauche et de jeu, dans lesquelles les officiers de police peuvent toujours pénétrer. Constitution, 22 frimaire an VIII, art. 76.

Compétence des tribunaux de simple police; — Emprisonnement; — Récidive; — Procédure.

Les tribunaux de simple police sont compétents pour réprimer les contraventions à l'infraction de l'article 1er : L'ivresse manifeste n'est frappée que d'une peine de simple police et de la plus légère de toutes, celle qui est contenue dans l'article 471 du Code pénal. Il était sage et naturel de ne pas la déférer à un tribunal d'arrondissement, en la soumettant à des peines correctionnelles; d'une part, a dit M. le rapporteur de la commission, « ces peines eussent été exagérées pour un fait qui peut être isolé; d'autre part, appliquer à un tel fait la procédure correctionnelle, avec les lenteurs et les frais qu'entraîne l'instruction, imposer aux prévenus et aux témoins la nécessité d'un déplacement souvent difficile et onéreux pour faire statuer sur l'affaire au chef-lieu judiciaire de l'arrondissement, c'eût été rendre les poursuites et les condamnations plus difficiles. Qu'on ne se fasse pas d'illusion sur l'heureux effet que pourrait produire la solennité de l'audience tenue et la sévérité des peines prononcées par le tribunal correctionnel; les faits n'iraient presque jamais à l'audience, il n'y aurait que très-peu de peines infligées. Pour agir sur l'esprit des populations, il est bien d'avoir une répression sûre, immédiate et locale; de l'assurer par le peu d'élévation de la peine, de l'accélérer par la simplicité de l'instruction, de la localiser par l'attribution de la juridiction au tribunal de simple police. »

Le Code pénal distingue les contraventions de simple police en trois classes; le législateur a pensé svec raison qu'il était suffisant de s'arrêter à la peine de la première, la plus modérée.

Emprisonnement; Récidive; Circonstances atténuantes. — Le second paragraphe de l'article 1er déclare les articles 474 et 483 du Code pénal applicables à la contravention d'ivresse manifeste.

L'article 474 porte : « La peine d'emprisonnement contre toutes les personnes mentionnées en l'article 471 aura toujours lieu, en cas de récidive, pendant trois jours au plus. »

L'article 483, § 1er, déclare : « Qu'il y a récidive dans tous les cas prévus par le présent livre, lorsqu'il a été rendu contre le contrevenant, dans les douze mois précédents, un premier jugement pour contravention de police commise dans le ressort du même tribunal. »

En conséquence, si celui qui a été une première fois condamné pour ivresse manifeste est saisi une seconde fois pour le même fait, il sera condamné à trois jours d'emprisonnement au plus. Mais à cette règle, il faut apporter la double restriction contenue dans le premier paragraphe de l'article 483 : la récidive doit avoir lieu dans les douze mois, à dater de la première condamnation et dans le ressort du même tribunal. Cette restriction se justifie particulièrement ici ; c'est quand le second fait se rapproche du premier qu'il prend une gravité nouvelle, parce qu'il prouve la persistance dans la faute et l'habitude ; ce n'est plus seulement l'ivresse, c'est l'ivrognerie que l'on commence à frapper.

Il est important que ce soit le même tribunal qui soit appelé à juger encore le second fait, parce que seul il connaît certainement le premier et en peut tenir compte, l'institution administrative du casier judiciaire ne s'appliquant pas aux contraventions de simple police à cause de leur grand nombre et de leur peu d'importance.

Du reste, l'article 1ᵉʳ fait rentrer la contravention d'ivresse manifeste dans le système général des contraventions de simple police. Le premier fait d'ivresse peut constituer lui-même en état de récidive celui qui a été condamné dans les conditions indiquées par l'article 483, et celui qui a commencé par se faire condamner pour ivresse manifeste peut aussi devenir récidiviste, par application de cet article, en commettant toute autre contravention, même de nature différente. La contravention reconnue et frappée par la nouvelle loi ne saurait être, d'ailleurs, à aucun titre, privilégiée. Cass., 29 avril 1869 ; Recueil gén. des j. de paix, année 1870, p. 112.

Décidé dans le même sens que, pour qu'il y ait récidive, en matière de simple police, il n'est pas nécessaire que la seconde contravention soit analogue ou de même nature que la première ; qu'il suffit qu'il ait été rendu, dans les douze mois précédents, contre le contrevenant, un jugement pour contravention de police commise dans le ressort du même tribunal. Cass., 26 avril 1822, 13 mai 1830, 3 nov. 1831, 20 déc. 1839, 7 oct. 1853.

« Attendu, dit l'arrêt du 20 décembre 1839, que l'article 483 du Code pénal porte qu'il y a récidive, dans tous les cas prévus par le Code pénal, lorsqu'il a été rendu contre le contrevenant, dans les douze mois précédents, un premier jugement pour contravention de police dans le ressort du même tribunal; — Attendu que le jugement attaqué reconnaît l'existence de deux contraventions, avec le caractère déterminé par la loi, et qu'il n'affranchit le délinquant de la peine de récidive que par le motif que la contravention précédente n'était pas de même nature que celle réprimée par ce jugement, le défaut de balance dans la boutique d'un boulanger, puisque cette contravention précédente consistait dans la vente du pain à faux poids; — Attendu que la distinction introduite par le jugement attaqué dans l'article 483 du Code pénal est arbitraire, contraire à son texte, et en détruirait l'efficacité; — Qu'en refusant d'appliquer la peine de la récidive, le tribunal de police a donc faussement interprété ledit article 483 et formellement violé l'article 474 du même Code; — CASSE, etc. »

La citation, comme le jugement, doit spécifier les faits qui constituent la récidive; sans cette désignation, le prévenu n'est pas mis à même de se défendre, et le jugement qui le condamne est nul comme n'étant pas suffisamment motivé. Cass., 30 juin 1836.

Lorsqu'il n'a pas été donné connaissance au juge de simple police de l'état de récidive du prévenu, aucune nullité ne résulte de la non-application de la récidive, encore bien que la condamnation première soit émanée du même juge. Cass., 3 fév. 1826, 10 juin 1840 et 29 avril 1845.

Le second paragraphe de l'article 483 du Code pénal ne permet pas de réduire l'amende au-dessous d'un franc, en cas de circonstances atténuantes reconnues par le juge; il n'ajoute donc rien à l'article 471 qui fixe le minimum d'un franc. Mais il est fort utile dans l'hypothèse de la récidive, puisqu'il autorise de dispenser de l'emprisonnement.

Jugé que l'admission des circonstances atténuantes par un tribunal de simple police lui donne, aux termes de l'article 483 du Code pénal, la faculté de réduire la peine au minimum de celle de simple police, alors même que le contrevenant serait en état de récidive. Cas., 18 nov. 1852.

Lorsque le ministère public requiert contre un individu poursuivi pour contravention de police les peines de la récidive, le tribunal saisi de cette contravention ne peut, sans violer l'article 7 de la loi du 20 avril 1810, les articles 471, n° 15, 474 et 483 du Code pénal, admettre des circonstances atténuantes en faveur de l'inculpé, sans s'expliquer sur les conclusions du ministère public. Cass., 3 mars 1853.

De même lorsque, contrairement aux réquisitions du ministère public, et sans donner de motifs, le juge de police ne condamne qu'à 1 franc d'amende le prévenu en état de récidive, en faveur duquel il ne reconnaît pas des circonstances atténuantes. Cass., 14 fév. 1856.

Au cas de récidive en matière de contravention de police, la peine de l'emprisonnement est obligatoire, et non pas seulement facultative, pour les juges. En conséquence, le juge de police ne peut se borner à condamner à l'amende le prévenu qui est en état de récidive. Cass., 22 août 1822.

Et il y a violation de la loi dans le jugement de simple police qui n'applique à un contrevenant que la peine d'une première contravention, quoique la récidive soit légalement constatée. Cass., 19 mars 1825.

Mais l'état de récidive ne peut résulter que d'un jugement définitif ayant acquis l'autorité de la chose jugée; dès lors il ne peut en être fait état lorsque la seconde contravention a été commise avant l'expiration du délai accordé au prévenu pour se pourvoir en cassation contre le jugement base de cet état de récidive. Cass., 2 août 1856, 19 nov. 1868 ; RECUEIL GÉNÉRAL DES J. DE PAIX, années 1869, p. 378, et 1870, p. 400.

De même, l'individu condamné par défaut ne peut être réputé en état de récidive légale que lorsque ce jugement a acquis l'autorité de la chose jugée, c'est à-dire lorsque ce jugement lui aura été notifié, et qu'il a été mis par là en demeure de le faire annuler par son opposition. Cass., 6 mai 1826, 10 nov. 1829, 22 juin 1844, 18 fév. 1869 ; *ibid*, année 1869, p. 534.

En effet, l'aggravation de peine, en matière de récidive, a pour motif la perversité du condamné, qui fait présumer l'inefficacité d'une condamnation précédemment encourue, et suppose la connaissance de cette condamnation. Par suite, il faut décider qu'il ne peut y avoir récidive légale lorsque les conditions imposées par la loi (C. inst. crim. 187) n'ont pas été accomplies, et lorsque, au moment de l'acte délictueux, le jugement qui pourrait servir de base à l'aggravation de la peine était susceptible d'opposition. Caen, 23 nov. 1870.

Ainsi, pour l'aggravation de peine à raison de récidive, il ne suffit pas qu'une condamnation ait précédé l'infraction nouvelle, il faut, même à l'égard des contraventions, que la première condamnation soit antérieurement devenue définitive. Cass., 19 nov. 1868; RECUEIL GÉNÉRAL DES J. DE PAIX, année 1869, p. 378.

Les tribunaux de simple police peuvent bien, lorsqu'ils reconnaissent des circonstances atténuantes, réduire la peine par application de l'article 483 du Code pénal, mais ils ne peuvent la supprimer entièrement. Le renvoi du prévenu ne peut résuller que d'une déclaration de non-culpabilité. Cass., 23 juill. 1836, 23 août 1839, 6 nov. 1840 et 31 déc. 1841.

Ainsi, le tribunal de simple police qui reconnaît en faveur d'un inculpé l'existence de circonstances atténuantes ne peut se borner à la condamnation aux dépens pour toute peine, et le dispenser ainsi même de l'amende. Cass., 31 déc. 1846.

Les citations pour contraventions de simple police sont faites à la requête du ministère public; elles sont notifiées par un huissier, qui doit en laisser copie au prévenu, ou à la personne civilement responsable. C. inst. crim., 145.

La citation ne peut être donnée à un délai moindre de vingt-quatre heures, outre un jour pour trois myriamètres, à peine de nullité tant de la citation que du jugement qui serait rendu par défaut. Néanmoins cette nullité ne peut être proposée qu'à la première audience, avant toute exception et défense. *Ibid.*, art. 146.

Il suffit qu'une citation donnée en matière de simple police soit régulière, qu'elle énonce le fait sur lequel le contrevenant est appelé à se justifier, sans qu'il soit nécessaire de lui notifier en même temps copie du procès-verbal dressé contre lui. Cass., 23 avril 1831, 31 mai 1845 et 12 mai 1855.

La personne citée comparaît par elle-même ou par un fondé de procuration spéciale. *Ibid.*, art. 152. .

Non-seulement le demandeur peut se faire représenter par un fondé de pouvoir, mais même lorsqu'il comparaît en personne, il peut se faire assister par un défenseur.

La procuration doit être *spéciale*, c'est-à-dire *ad hoc*, pour se présenter devant le tribunal de police.

Il n'est pas nécessaire que la procuration soit en forme authentique, il suffit qu'elle soit écrite sur papier timbré, qu'elle soit enregistrée et que la signature soit légalisée. Si la procuration n'était pas légalisée et que l'écriture fût déniée, elle devrait être rejetée et le jugement être rendu par défaut.

L'instruction de chaque affaire doit être publique, à peine de nullité, et être faite dans l'ordre suivant : — Les procès-verbaux, s'il y en a, seront lus par le greffier. — Les témoins, s'il en a été appelé par le ministère public ou la partie civile, seront entendus s'il y a lieu; la partie civile prendra ses conclusions. — La personne citée proposera sa défense, et fera entendre ses témoins, si elle en a amené ou fait citer, et si, aux termes de l'article suivant, elle est recevable à les produire. — Le ministère public résumera l'affaire et donnera ses conclusions : la partie citée pourra proposer ses observations. — Le tribunal de police prononcera le jugement dans l'audience où l'instruction aura été terminée, et, au plus tard, dans l'audience suivante. C. inst. crim., art. 153.

La publicité de l'instruction est de rigueur; c'est là, en effet, le moyen le plus assuré de parvenir à la manifestation de la vérité et la meilleure sauvegarde de l'innocence.

L'article 153 ci-dessus n'a ordonné l'audition des témoins que *s'il y a lieu;* d'où il suit que cette disposition doit être entendue en ce sens, que la personne citée ne peut être admise à faire preuve par témoins contre le contenu aux rapports ou procès-verbaux auxquels la loi accorde pleine foi en justice jusqu'à inscription de faux, et que le tribunal peut même refuser d'admettre le prévenu à la preuve offerte lorsqu'il existe un procès-verbal, et qu'il ne s'élève dans son esprit aucun doute sur la culpabilité du prévenu.

Mais lorsque le tribunal admet le demandeur ou la partie publique à rapporter la preuve par témoins à l'appui du procès-verbal, ce serait un véritable déni de justice que de refuser d'entendre les témoins que la personne citée aurait fait appeler dans son intérêt, lors même qu'ils comparaîtraient volontairement et sans citation préalable. Cass., 15 fév. 1811.

Les témoins appelés devant le tribunal de simple police peuvent être reprochés avant leur audition.

Les contraventions seront prouvées, soit par procès-verbaux ou rapports, soit par témoins, à défaut de rapports et de procès-verbaux, ou à leur appui. — Nul ne sera admis, à peine de nullité, à faire preuve par témoins outre ou contre le contenu aux procès-verbaux ou rapports des officiers de police ayant reçu de la loi le pouvoir de constater les délits ou les contraventions jusqu'à inscription de faux. Quant aux procès-verbaux et rapports faits par des agents, préposés ou officiers auxquels la loi n'a pas accordé le droit d'en être crus jusqu'à inscription de faux, ils pourront être débattus par des preuves contraires, soit écrites, soit testimoniales, si le tribunal juge à propos de les admettre. C. inst. crim., art. 154.

Les témoins feront à l'audience, sous peine de nullité, serment de dire toute la vérité, rien que la vérité; et le greffier en tiendra note, ainsi que de leurs nom, prénoms, âge, profession et demeure, et de leurs principales déclarations. *Ibid.*, art. 155.

Les ascendants ou descendants de la personne prévenue, ses frères et sœurs ou alliés en pareil degré, la femme ou son mari, ne seront ni appelés ni reçus en témoignage, sans néanmoins que l'audition des personnes ci-dessus désignées puisse opérer une nullité, lorsque, soit le ministère public, soit la partie civile, soit le prévenu, ne se sont pas opposés à ce qu'elles soient entendues. *Ibid.*, art. 156.

Les témoins qui ne satisferont pas à la citation pourront y être contraints par le tribunal, qui, à cet effet, et sur la réquisition du ministère public, prononcera dans la même audience, sur le premier défaut, l'amende, et en cas d'un second défaut, la contrainte par corps. *Ibid.*, art. 157.

Cet article n'a pas indiqué la quotité de l'amende à laquelle le témoin défaillant peut être condamné; mais comme les tribunaux de police ne peuvent prononcer des amendes au-dessus de *quinze francs*, d'après l'article 137 du même Code, c'est le maximum de ce chiffre qu'il faut appliquer.

Le témoin ainsi condamné à l'amende sur le premier défaut, et qui, sur la seconde citation, produira devant le tribunal des excuses légitimes, pourra, sur les conclusions du ministère public, être déchargé de l'amende. C. pr. 263. — Si le témoin n'est pas cité de nouveau, il pourra volontairement comparaître, par lui ou par un fondé de procuration spéciale, à l'audience suivante, pour présenter ses excuses et obtenir, s'il y a lieu, décharge de l'amende. C. inst. crim., art. 158.

Le tribunal, cela va sans dire, est juge de la validité ou de l'insuffisance des excuses, et l'appel du jugement que le tribunal rend sur l'opposition n'est recevable qu'autant que peut l'être celui du jugement de condamnation.

Si le prévenu est convaincu de contravention de police, le tribunal prononcera la peine et statuera, par le même jugement, sur les demandes en restitution et en dommages-intérêts. *Ibid.*, art. 161.

Pour qu'il y ait lieu à l'application de cette disposition, il faut qu'il y ait *contravention*, et que la personne citée soit *convaincue* de s'en être rendue coupable, deux points qui doivent nécessairement se trouver consignés dans le jugement.

L'article 161 laisse toute latitude au tribunal de police pour accorder ou pour refuser les dommages-intérêts auxquels il a été conclu, et pour les porter à telle somme qu'il juge convenable, pourvu que la fixation n'excède pas le montant de la demande. Il ne suffit donc pas que la personne soit acquittée pour qu'elle ait un droit acquis à des dommages-intérêts, ni que la personne citée soit déclarée convaincue pour que la partie civile doive nécessairement en obtenir.

La partie qui succombe doit être condamnée aux frais, même envers la partie publique. — Les dépens sont liquidés par le jugement. C. instr. crim., art. 162.

Tout jugement définitif de condamnation doit être motivé, et les termes de la loi y doivent être insérés à peine de nullité. — Il doit y être fait mention s'il est rendu en dernier ou en premier ressort. C. instr. crim., art. 163.

La minute du jugement doit être signée par le juge qui a tenu l'audience, dans les vingt-quatre heures au plus tard, à peine d'amende contre le greffier, et de prise à partie, s'il y a lieu, contre le greffier et le juge. C. instr. crim., art. 164.

Avertissement. — Il est d'usage, en matière de simple police, de remplacer la citation par un simple avertissement. Cette mesure, qui a même souvent été recommandée par le ministre de la justice, est autorisée par l'article 147 du Code d'instruction criminelle, d'après lequel « les parties devront comparaître volontairement et sur simple avertissement sans qu'il soit besoin de citation. »

Cet avertissement est donné par le ministère public, c'est-à-dire par le commissaire de police, ou par le maire, lorsque c'est ce fonctionnaire qui remplit les fonctions du ministère public, là où il n'y a pas de commissaire de police.

Si le prévenu de contravention ne comparaît pas sur simple billet d'avertissement, il ne peut être jugé, ni par conséquent être acquitté, ce simple avertissement n'ayant pas saisi légalement le juge qui doit, en ce cas, surseoir à statuer jusqu'à ce que le prévenu ait été régulièrement appelé par une citation d'huissier, Cass., 4 mars 1826, 8 août 1840, 4 oct. 1851, 24 janv. 1852 et 10 sept. 1857.

D'où il faut conclure, surtout en matière de contravention à la loi sur l'ivresse, qu'il est bon d'employer toujours la citation.

Appel en matière de simple police. — En matière de simple police, l'appel n'étant recevable que de la part de la partie condamnée soit à un emprisonnement, soit à une amende de plus de 5 francs, il ne peut y avoir d'appel incident de la part du ministère public. Cass., 24 juill. 1818.

Le droit de former appel contre les jugements du tribunal de police n'appartient qu'aux parties condamnées; ce droit ne peut être exercé dans aucun cas par le ministère public, qui ne peut les attaquer que par voie de recours en cassation. Cass., 28 août 1823, 2 déc. 1825, 10 juill. 1829, 20 nov. 1846 et 10 fév. 1848.

La voie de l'appel n'est pas ouverte, en matière de simple police, même pour cause d'incompétence, contre les jugements qui ne prononcent ni un emprisonnement, ni des restitutions ou autres réparations civiles excédant la somme de 5 francs outre les dépens, et cela lors même que le ministère public ou la partie civile ont conclu à des amendes ou à des réparations plus considérables. Cass., 5 sept. 1811 et 10 avril 1812, 18 fév. 1858, 19 nov. 1859.

De même les jugements de police ne sont sujets à l'appel, même sous le rapport de la compétence, que dans le cas où ils prononcent un emprisonnement, ou lorsque les amendes, restitutions ou autres réparations civiles excèdent la somme de 5 francs ; hors de ces deux cas, ils ne peuvent être attaqués que par la voie de cassation. Cass., 29 janv. et 26 mars 1813, 19 juill. 1821, 7 avril 1848 et 29 nov. 1850.

L'article 172 du Code d'instruction criminelle, qui fixe le dernier ressort en matière de simple police, n'a pour base que la quotité de l'amende et des restitutions civiles. Les dépens n'en font pas partie. Cass., 12 déc. 1844.

, Lorsque la partie civile devant le tribunal de simple police, après avoir conclu à des dommages-intérêts, renonce à ses conclusions, les dépens mis à la charge du prévenu ne peuvent être considérés comme des dommages adjugés à la partie civile, et ne peuvent par conséquent servir, en ce sens, à déterminer l'étendue du dernier ressort. *Ibid.*

Lorsqu'il y a eu plusieurs parties mises en cause, la jonction des instances ordonnées par le juge ne change pas la position particulière des prévenus, et l'on ne peut réunir le montant des condamnations distinctes pour faire naître au profit des condamnés un droit d'appel qui n'existe pas pour chacun d'eux en particulier. Cass., 29 mars 1850.

Mais le jugement de simple police qui, en condamnant un prévenu à 5 francs d'amende, lui fait injonction d'enlever les matériaux par lui déposés sur la voie publique, et ordonne qu'à défaut de ce ils seront enlevés à ses frais, est en premier ressort et susceptible d'appel. Cass., 9 août 1828.

Le jugement de simple police qui, en condamnant un prévenu à 5 francs d'amende, ordonne en outre la démolition des travaux par lui confectionnés en contravention aux règlements de voirie, est susceptible d'appel. Cass., 28 janv. 1830, 3 mai 1833, 29 janv. 1835 et 3 janv. 1851.

Ainsi, lorsqu'un jugement a condamné un contrevenant à une amende de 3 francs et à enlever la terre par lui placée sur la voie publique, le tribunal ne peut déclarer l'appel non recevable sous le prétexte que, la dépense de cet établissement ne devant pas s'élever à plus de 2 francs, la valeur de toutes les condamnations réunies n'excède pas 5 francs. Cass., 29 janv. 1835.

Délai pour appeler et point de départ. — Le délai pour appeler d'un jugement de simple police court du jour de la signification à personne ou domicile, et non du jour de sa prononciation. Cass., 2 déc. 1827 et 7 juill. 1864.

Et cela sans distinction des jugements par défaut ou contradictoires. Cass., 20 août 1841 et 7 juill. 1864.

Formes de l'appel. — En matière de simple police, les parties ont la faculté de former leur appel par déclaration au greffe ou par exploit signifié au ministère public. En conséquence, un appel ne peut pas être déclaré non recevable, sous le prétexte qu'il n'aurait pas été notifié par exploit. Cass., 3 août et 7 déc: 1833, 28 juin 1845.

ARTICLE 2.

« *En cas de nouvelle récidive, conformément à l'article 483, dans les douze mois qui auront suivi la deuxième condamnation, l'inculpé sera traduit devant le tribunal de police correctionnelle et puni d'un emprisonnement de six jours à un mois et d'une amende de 16 à 300 francs.*

« *Quiconque ayant été condamné en police correctionnelle, pour ivresse, depuis moins d'un an, se sera de nouveau rendu coupable du même délit, sera condamné au maximum des peines indiquées au paragraphe précédent, lesquelles pourront être élevées jusqu'au double.* »

Cet article 2 a été ainsi adopté par suite de l'amendement de M. Bienvenüe sur l'article 2 proposé par la commission, et qui était ainsi conçu :

« Seront punis d'un emprisonnement de six jours à un mois, et d'une amende de 16 à 300 francs, ceux qui, ayant depuis moins de trois ans subi deux condamnations en vertu de l'article précédent, seront trouvés en état d'ivresse manifeste dans les rues, chemins, places, cafés, cabarets ou autres lieux publics.

« Quiconque ayant été condamné en police correctionnelle pour ivresse depuis moins de deux ans, se sera de nouveau rendu coupable du même délit, sera condamné au maximum des peines indiquées au paragraphe précédent, lesquelles pourront être élevées jusqu'au double. »

Pour justifier son amendement à cet article de la commission, qu'il trouvait excessif, M. Bienvenüe s'est exprimé ainsi :

Aux deux premières contraventions, aux deux premiers faits d'ivresse publique et manifeste, a-t-il dit, on applique une peine de simple police.

Jusque-là je suis parfaitement d'accord avec la commission. Mais, en cas de nouvelle récidive depuis moins de trois ans, le contrevenant sera traduit en police correctionnelle; ce n'est plus une simple contravention de police; une peine correctionnelle devra toujours être infligée. Eh bien! je crois qu'il convient de modérer cette sévérité, qui me paraît excessive, je le répète.

Que veut-on atteindre? On veut atteindre l'ivrognerie et non un fait isolé. Des faits qui se répéteraient à des intervalles éloignés ne devraient pas, évidemment, être frappés de peines correctionnelles. C'est à l'habitude de l'ivrognerie qu'il faut réserver les pénalités sévères.

Et après avoir relu les termes de son amendement, M. Bienvenüe ajoute :

Voilà, messieurs, l'amendement que j'ai l'honneur de vous soumettre, et je demande la permission de faire ressortir devant vous en quoi cet amendement diffère du projet de la commission.

Le troisième fait d'ivresse devra avoir été commis dans les conditions ordinaires de la contravention, c'est-à-dire qu'il faudra qu'il ait eu lieu dans les douze mois de la condamnation précédente, et que ce fait ait été commis dans le ressort du tribunal de simple police qui a prononcé cette condamnation.

Telle est la différence naturelle et sensible qui existe entre l'amendement que j'ai l'honneur de vous présenter et la proposition de la commission.

Je crois devoir faire remarquer à l'Assemblée qu'il y a, indépendamment de la trop grande sévérité du système de la commission, des difficultés d'application qu'il ne faut pas perdre de vue.

En effet, si, au troisième fait punissable, c'est devant le tribunal de police correctionnelle que le contrevenant doit être traduit, quel que soit le lieu où la contravention ait été commise, je le demande, sera-t-il possible de savoir d'une manière bien précise, bien positive, si un individu trouvé en état d'ivresse dans quelque partie de la France que ce soit, a été, dans une certaine période antérieure à ce fait, trouvé déjà deux fois en état d'ivresse quelque part? Il n'existe pas de casiers judiciaires pour les contraventions de police; les casiers judiciaires sont établis uniquement pour des condamnations à des peines criminelles ou correctionnelles; il y aurait ainsi une difficulté trèsgrande, parfois une impossibilité, pour constater le fait de la deuxième récidive telle que l'entend la commission.

Je demande donc que, modérant son système pénal, que je tiens pour exorbitant, l'Assemblée veuille bien adopter l'amendement que j'ai l'honneur de présenter dans le but de simplifier la répression et, en même temps, de la renfermer dans des limites que je crois parfaitement suffisantes.

M. le rapporteur du projet de loi a répondu que le système de l'honorable M. Bienvenüe diffère d'une manière assez sensible de celui de la commission.

Nous voulons réprimer non-seulement les cas isolés d'ivresse, mais encore l'habitude de l'ivresse, l'ivrognerie. Aussi avons-nous pensé que plus les faits d'ivresse se multipliaient, dans un certain délai, plus la loi devait se montrer sévère.

Le premier et le second faits sont de simples contraventions de police : leurs auteurs ne sont appelés que devant le juge de paix, et, s'ils sont condamnés, ils ne sont soumis qu'à des peines légères ; mais quand le troisième fait est commis et constaté dans un délai de trois ans, nous avons cru qu'alors l'habitude de l'ivrognerie se trouvait, par ce dernier fait, suffisamment établie.

Mais, dit-on, *le délai est trop long ;* je réponds : Lorsqu'il y a trois faits d'ivresse publique en trois ans, on peut affirmer qu'il y a eu un bien plus grand nombre de cas où le prévenu s'est mis en état d'ivresse sans tomber sous la main de l'autorité, et sous le coup de la loi pénale. L'habitude de l'ivrognerie est donc, dans ce cas, aussi nettement caractérisée que possible ; elle appelle une répression plus efficace, plus énergique appliquée au fait de récidive qui se produit.

Voilà pourquoi ce fait change de nature et devient un délit, cessant d'être une contravention ; et, devenant un délit, il est naturellement soumis au droit commun qui régit les faits soumis à la juridiction correctionnelle.

Malgré les difficultés d'application, que nous ne devons pas, que nous ne voulons pas nier, mais dont nous croyons que la vigilance de la police judiciaire pourra triompher, malgré ces difficultés, il faut admettre que le troisième fait d'ivresse, partout où il sera commis, dans le délai indiqué par la loi, devra être poursuivi et puni à titre de délit. Autrement on arrive à ce résultat vraiment extraordinaire : c'est que si le troisième fait d'ivresse se produit dans un canton autre que celui où se sont produits les deux premiers, l'habitude d'ivresse cessant d'être constante, il n'y aura plus de répression correctionnelle pour le fait constituant la récidive.

Voilà, messieurs, ce qui a paru à votre commission ne pas devoir être adopté. Elle a cru qu'il fallait admettre le délit et lui appliquer le principe du droit commun; qu'autrement on énerverait la répression, on diminuerait l'efficacité déjà si contestée de la proposition de loi en ce moment soumise à l'Assemblée.

Malgré ces observations l'amendement de M. Bienvenüe, mis aux voix, a été adopté.

Le fait punissable, aux termes de l'article 2, cesse d'être une contravention de simple police ; il devient un délit, puni des peines correctionnelles, justiciable des tribunaux correctionnels.

Ce changement de qualification est soumis à une condition : c'est que dans les douze mois qui précèdent le fait, le prévenu ait subi deux condamnations en simple police pour ivresse manifeste. Il n'est pas nécessaire que la seconde fois il ait été pris en récidive conformément à l'article 483 du Code pénal, c'est-à-dire dans les douze mois à dater de la première condamnation en simple police, et dans le ressort du même tribunal. Qu'il ait été condamné une première fois le 1ᵉʳ juillet 1872, une seconde fois le 1ᵉʳ juillet 1873, une première fois à Paris, une seconde à Versailles, il suffit, pourvu qu'il soit pris quelque part avant le 1ᵉʳ juillet 1874.

L'habitude est flagrante en effet ; c'est un ivrogne qui est déféré à la justice, un ivrogne que n'a pu corriger une double sentence : sa culpabilité est plus grande. La loi veut arrêter le progrès du vice auquel il s'abandonne. Les peines de simple police n'ont rien fait sur lui : il est nécessaire de passer aux peines de police correctionnelle.

L'application de l'article 2 peut présenter une vraie difficulté. Quand une personne est prise en état d'ivresse manifeste dans un lieu public, comment savoir qu'elle a, dans les douze mois qui précèdent, subi, pour le même fait, deux condamnations sur un point quelconque du territoire? Au moment où on l'arrête, on ignore si elle a commis une simple contravention ou si elle s'est, par suite de ses antécédents, rendue coupable d'un délit et par conséquent comment il faut instruire son procès. A moins qu'elle ne se trahisse elle-même, on n'a pas d'éléments suffisants pour entreprendre des recherches sur son compte : ces recherches prendraient un certain temps pendant lequel le jugement de l'affaire serait retardé peut-être infructueusement.

4

D'ailleurs où faire ces recherches si l'on n'obtient pas du prévenu l'indication sincère des localités dans lesquelles il a successivement résidé? Les contraventions de police, nous l'avons dit, ne figurent pas au casier judiciaire ; d'un autre côté, on ne consulte pas le casier judiciaire à l'occasion d'un fait qui se présente avec l'apparence d'une contravention de police.

Il est probable que les tentatives faites pour appliquer l'article échoueront plus d'une fois. On arrivera même à une conséquence bizarre : si l'article peut être appliqué, c'est seulement aux personnes qui ne changent pas de résidence, dont le passé est connu ou facile à retrouver ; des gens autrement dangereux, ceux qu'on appelle nomades, échapperont presque toujours.

Nous ne dissimulons pas la difficulté ; elle n'a pas échappé au législateur, il a dû parfaitement comprendre qu'elle est inhérente à une partie essentielle de la loi, à ce changement de qualification et de juridiction, sans lequel il n'aurait pu trouver de répression efficace : car à moins d'être trop sévère pour le début de l'ivrognerie ou trop indulgent pour l'habitude contractée ou déclarée, nous comprenons qu'il devait graduer les peines, l'échelle de la simple police, qui seule descendait assez bas, ne s'élevant pas assez haut pour qu'il lui fût possible de s'y maintenir, parce que certaines pénalités, que réclamait énergiquement l'opinion publique et que le législateur voulait faire consacrer dans l'article 3, n'auraient pu être prononcées par le tribunal correctionnel.

La difficulté qui vient de nous occuper s'aplanira dans la pratique ; car lorsqu'on sait que le législateur s'est vu dans la nécessité de définir et de punir une nouvelle infraction, c'est un motif pour accroître les devoirs, la vigilance et l'activité de ceux qui participent à l'administration de la justice. C'est aux officiers de police judiciaire qu'il appartient de pourvoir, avec zèle et discernement, à l'application de l'article 2.

Chaque affaire d'ivresse manifeste ne doit pas être précédée d'une instruction préalable ayant pour objet d'établir si le prévenu n'a pas des antécédents sur ce point : la loi veut une répression prompte pour un fait qu'il est facile de constater et d'apprécier. Il ne faut pas instruire comme appartenant à la police correctionnelle un procès qui doit être le plus souvent porté au tribunal de simple police : l'équité le défend, la sagesse proscrit des longueurs et des frais dont l'utilité est très-douteuse.

Quand le prévenu habite le même lieu depuis deux ans au plus, rien n'est plus aisé que de connaître son existence passée. Dans le peu de temps qui sépare l'arrestation ou le procès-verbal du jugement, on s'assure de ses antécédents, si l'on n'en est pas suffisamment instruit. Les renseignements que, à raison des circonstances, on juge nécessaires sur les personnes qui se sont fixées depuis moins de deux ans dans le ressort du tribunal de police, s'obtiennent sans peine quand on est exactement informé des résidences antérieures. Ceux qui ne songeraient qu'à égarer la justice par de fausses indications, lorsqu'elle chercherait où ils ont passé une partie de leur vie, n'auraient à s'en prendre qu'à eux-mêmes du retard que subirait leur affaire.

La tâche des officiers de police judiciaire et des juges serait simplifiée, si l'institution du casier judiciaire pouvait être étendue à l'ivresse manifeste, lors même qu'elle constitue seulement une contravention de simple police.

Le second paragraphe de l'article 2 prévoit la récidive spéciale du délit d'ivresse manifeste: il a été inspiré du même esprit en déterminant le temps dans lequel elle doit se produire, et il a fixé ce temps à une année depuis la première condamnation correctionnelle. Ainsi, l'habitude d'ivrognerie est prouvée de la manière la plus précise. Ce paragraphe ne s'applique pas seulement à un second fait se produisant moins d'un an après la première condamnation en police correctionnelle; il comprend aussi un troisième, un quatrième fait qui aurait lieu dans le même délai. Bien plus, chacune de ces condamnations répétées en police correctionnelle, fait courir un nouveau délai d'un an dans lequel le second paragraphe recevrait incontestablement son application.

Comme on le voit, la peine de la récidive a été déterminée ici d'après la règle posée aux articles 57 et 58 du Code pénal. Mais si un fait nouveau d'ivresse n'est commis qu'après l'expiration des délais indiqués en l'article 2, il échappe à la police correctionnelle, il redevient une contravention de simple police. Il ne prouve pas l'existence d'une habitude; c'est une rechute qu'une longue vigilance a peut-être retardée.

ARTICLE 3.

« Toute personne qui aura été condamnée deux fois en police correc-
tionnelle pour délit d'ivresse manifeste, conformément à l'article
précédent, sera déclarée par le second jugement incapable d'exer-
cer les droits suivants :
« 1° De vote et d'élection ;
« 2° D'éligibilité ;
« 3° D'être appelée ou nommée aux fonctions de juré au autres
fonctions publiques, ou aux emplois de l'administration, ou d'exer-
cer ces fonctions ou emplois ;
« 4° De port d'armes, pendant deux ans à partir du jour où la
condamnation sera devenue irrévocable. »

Cet article, voté sans discussion, déclare privée de la majeure partie de ses droits civils et politiques « toute personne condamnée deux fois en police correctionnelle conformément à l'article 2. » Mais quelque juste et sage que soit cette énumération de la répression envers celui qui promène dans les rues, chemins, places, cafés, cabarets ou autres lieux publics, l'exemple dégradant de son ébriété scandaleuse, il était nécessaire, pour devenir plus efficace, que la loi atteignît également les cafetiers, cabaretiers et autres débitants de boissons qui ont, dans une certaine mesure, le contrôle et la responsabilité des consommateurs auxquels ils fournissent de la boisson ; les dispositions de l'article suivant y pourvoient.

En nos appréciations sur la difficulté qu'il pourra souvent y avoir sur l'application de l'article 2, nous avons fait remarquer que l'article 3 qui nous occupe consacrait certaines pénalités vivement réclamées par l'opinion publique. Cet article déclare, en effet, tout individu condamné deux fois en police correctionnelle pour délit d'ivresse manifeste, incapable d'exercer ses droits civiques ; mais pourquoi ne lui a-t-on pas, en même temps, enlevé ses droits civils ? c'est donc seulement une loi politique que l'on a voulu faire ? Il y a là certainement une lacune. Enfin pourquoi ne pas prononcer l'interdiction des droits civiques ?

Pour répondre aux injures de l'intérêt social, l'ivresse devrait être considérée et punie comme un délit ; la répression devrait répondre à la gravité du mal ; tout fait d'ivresse devrait prendre, dès qu'il se manifeste, un caractère juridique ; les peines à lui appliquer devraient s'élever dans leur expression la plus haute jusqu'à l'interdiction des droits civils et de famille, et même l'interdiction judiciaire, dans l'intérêt des familles comme dans celui de l'ivrogne lui-même.

Comment, notre loi décide qu'une personne dans le cas de l'article 3 est indigne, incapable par conséquent, d'exercer ses droits politiques et exclue de toutes fonctions et de tous emplois de l'administration, et cependant cette même personne pourra être témoin dans un testament, comme dans tous autres actes reçus par les notaires, être mandataire de personnes agissant en justice, être membre d'un conseil de famille !

Il fallait que l'individu dont il s'agit dans l'article 3 fût mis au rang de l'incapacité du mineur pendant le temps déterminé par cet article, ne pouvant ni emprunter, ni transiger, ni vendre, ni aliéner sans que les formalités prescrites à l'égard des biens du mineur non émancipé aient été observées.

L'ivresse habituelle, on l'a vu, est l'état d'une personne ayant perdu tout sentiment raisonnable, se trouvant dans des conditions de démence, de fureur ou d'imbécillité ; or, dans ces conditions la loi prononce l'interdiction ; toutefois, afin de concilier les droits de la personne avec les précautions que commande le soin de ses propres intérêts, l'article 419 du Code civil veut qu'elle ne puisse plaider, transiger, aliéner, ni grever ses biens d'hypothèques, sans l'autorisation d'un conseil judiciaire.

Quoi qu'il en soit, l'ivrogne habituel doit être considéré au moins comme un prodigue ; et s'il est vrai que notre législation, considérant que la peine d'interdiction serait sans mesure et sans proportion, n'a pas permis qu'un prodigue pût être interdit, elle a cependant pris, à son égard, un juste tempérament entre la jurisprudence ancienne, qui autorisait l'interdiction, et les lois intermédiaires, qui n'avaient indiqué aucune précaution contre la prodigalité, en soumettant à un conseil judiciaire celui qui, ne connaissant ni frein ni mesure dans ses dépenses, dissipe son avoir en de sales et inutiles dépenses. C. civ., 513.

Ajoutons que si l'habitude invétérée de l'ivrognerie ne peut être une cause d'interdiction, elle peut du moins donner lieu à la nomination d'un conseil judiciaire, lorsqu'elle a pour résultat le désordre d'affaires, la prodigalité et le dérangement de la raison. Rouen, 18 janv. 1865.

ARTICLE 4.

« *Seront punis d'une amende de 1 à 5 fr. inclusivement les cafetiers, cabaretiers et autres débitants qui auront donné à boire à des gens manifestement ivres, ou qui les auront reçus dans leurs établissements, ou qui auront servi des liqueurs alcooliques à des mineurs âgés de moins de seize ans accomplis.*

« *Toutefois, dans le cas où le débitant sera prévenu d'avoir servi des liqueurs alcooliques à un mineur âgé de moins de seize ans accomplis, il pourra prouver qu'il a été induit en erreur sur l'âge du mineur; s'il fait cette preuve, aucune peine ne lui sera applicable de ce chef.*

« *Les articles 474 et 483 du Code pénal seront applicables aux contraventions indiquées aux paragraphes précédents.* »

Le but de la loi étant d'arrêter l'ivrognerie, il est nécessaire, comme le déclare l'article 4, que les débitants soient punis dans les cas spécifiés par cet article, et il est juste qu'ils le soient, car ils sont auteurs et complices de l'ivresse; ils sont même plus coupables. « L'homme qui se livre à la boisson, a dit M. Ladoucette, sénateur (séance du 13 mars 1861), qui se met en état d'ivresse, cède à un entraînement, il est certainement fort répréhensible; mais il a, pour ainsi dire, perdu la raison; tandis que le débitant qui est de sang-froid, qui voit ce qui se passe, qui persiste néanmoins à donner à boire à cet homme par l'appât de vendre quelques litres de vin de plus, celui-là, je le répète, est encore plus coupable que le premier. »

En ce qui concerne les mineurs, l'article du projet de loi permettait de donner à boire à des enfants âgés de moins de seize ans accomplis, *s'ils étaient accompagnés;* ces mots « s'ils étaient accompagnés » n'ayant pas été reproduits dans l'article 4 revisé par la commission, il est manifeste que les débitants ne doivent, sous aucun prétexte, donner à boire à des enfants âgés de moins de seize ans accomplis, fussent-ils accompagnés de quelqu'un ayant autorité sur eux, même le père ou la mère.

M. Bienvenüe avait proprosé d'ajouter à l'article 4 une proposition additionnelle ainsi conçue :

« Tout débitant de boissons consommées sur place qui retiendra ou recevra, soit en gage, soit en payement, des effets d'habillement ou d'autres objets mobiliers, sera tenu d'en faire la déclaration, dans les vingt-quatre heures, au commissaire de police, et. à son défaut, au maire ou à un adjoint. L'omission de cette déclaration dans ledit délai sera punie d'une amende de six francs à dix francs inclusivement, et, en outre, suivant les circonstances, d'un emprisonnement pendant trois jours au plus. »

Cette proposition avait, sans doute, un but assez important et digne de discussion. Pour la justifier, M. Bienvenüe a dit : « La commission a jugé avec raison qu'il ne suffit pas d'édicter des dispositions pénales contre le malheureux qui donne le scandale de l'ivresse publique ; qu'il faut, en outre, le prémunir contre les complaisances répréhensibles et contre les incitations coupables du cabaretier.

« L'article additionnel en ce moment soumis à votre délibération rentre dans ce dernier ordre d'idées. Il prévoit un cas qui malheureusement est loin d'être sans exemples : le cas où le buveur, dépourvu d'argent pour payer sa consommation de cabaret, abandonne des effets d'habillement ou d'autres objets mobiliers en gage ou en payement.

« J'en appelle à ceux qui ont eu l'honneur de remplir des fonctions municipales ou d'administrer des établissements de bienfaisance ; n'ont-ils pas trop souvent recueilli les confidences et les plaintes de pauvres mères de famille qui voyaient disparaître successivement de leur modeste ménage les objets les plus indispensables, grâce à la complicité intéressée des cabaretiers ? Aussi, messieurs, a-t-on vu des arrêtés municipaux interdire, d'une façon absolue, aux débitants de boissons de recevoir en gage ou en payement aucun effet mobilier.

« Une pareille disposition, insérée dans un règlement de police municipale, est-elle légalement obligatoire ? C'est ce qu'il est inutile d'examiner ici. Toujours est-il qu'elle constate l'existence de désordres auxquels il importe d'apporter un remède.

« Je ne viens pas cependant, messieurs, proposer une disposition prohibitive. Il s'agit, en effet, d'établir une sauvegarde contre les entraînements dont l'homme livré à la passion de l'alcool est l'esclave ; une prohibition absolue pourrait, dans certains cas, compromettre les droits d'un créancier légitime. Ne suffit-il pas qu'un cabaretier ne puisse, sans infraction à la loi, se saisir d'un gage par un procédé ordinairement suspect ?

« Quant à la pénalité proposée, elle consiste à placer dans la deuxième classe des contraventions de police le fait par un débitant de boissons de recevoir d'un consommateur des effets d'habillement ou autres objets mobiliers, sans en faire, dans un bref délai, la déclaration à l'autorité municipale, en d'autres termes, à infliger au contrevenant la peine d'une amende de six à dix francs, et facultativement pour le juge, un emprisonnement pendant trois jours au plus, selon les circonstances. Cette pénalité, ce me semble, ne saurait encourir le reproche d'une extrême sévérité. »

La commission, a répondu M. de la Sicotière, ne peut s'associer au sentiment de réprobation dont M. Bienvenüe frappe le cabaretier qui retient en gage ou en payement les objets mobiliers, et surtout une partie des vêtements appartenant au consommateur qui ne l'a pas autrement payé. Elle réprouve hautement une pareille exaction, et pourtant elle ne pense pas qu'il soit possible d'adopter l'amendement, ou plutôt l'article additionnel qui vous est présenté.

L'obligation que le préopinant entend imposer au cabaretier de déclarer dans les vingt-quatre heures, soit au commissaire de police, soit au maire, soit à l'adjoint, qu'il a gardé ainsi en dépôt ou en payement certains objets, est une exigence qui n'aurait d'analogue dans aucune partie de notre législation. C'est une obligation toute nouvelle et dont la sanction serait exorbitante, car il ne s'agit de rien moins que d'amende et de prison.

Remarquez qu'on n'ose pas ériger en délit le fait même d'avoir gardé les objets, soit en payement, soit en gage; un pareil acte, si blâmable qu'il soit, n'est pas punissable en lui-même; le délit consisterait uniquement à n'avoir pas déclaré qu'on a commis ce fait, qui n'est pas délictueux. Il n'y a pas là un péché légal, mais il y aurait péché à ne s'en pas confesser devant l'autorité ! Messieurs, ce système nous a paru contradictoire, exorbitant, inadmissible.

Nous ajoutons que l'amendement ne s'appliquerait pas au débitant qui aurait laissé emporter des boissons, même les boissons les plus dangereuses, en exigeant le dépôt préalable des vêtements ou des objets mobiliers appartenant au consommateur; qu'il ne s'appliquerait pas davantage à celui qui aurait livré sur place des boissons en même temps que des aliments, et qui aurait en payement gardé les objets que vous savez. Encore une fois, il y aurait ici une contradiction choquante, et une indulgence excessive à côté d'une excessive sévérité.

Nous n'admettons pas que le cabaretier puisse ainsi créer à son profit un droit de gage que la loi ne reconnaît pas. (Très-bien !) Nous comprenons que, devant le juge de paix, toutes réclamations puissent se produire à l'occasion de cette rétention illégale. Mais créer une disposition pénale, introduire une pénalité d'amende et de prison contre le débitant qui aura commis un fait qui n'est pas délictueux en lui-même, qui ne peut pas l'être, puisqu'en réalité il ne saurait y avoir de délit dans le fait de n'avoir pas déclaré ce qui en soi n'est pas un délit, ce serait contraire à l'esprit de la loi qui est maintenant en délibération, contraire à l'esprit général de notre législation.

La proposition additionnelle de M. Bienvenüe, mise aux voix, n'est pas adoptée.

ARTICLE 5.

« Seront punis d'un emprisonnement de six jours à un mois et d'une amende de 16 francs à 300 francs les cafetiers, cabaretiers et autres débitants qui, dans les douze mois qui auront suivi la deuxième condamnation prononcée en vertu de l'article précédent, auront commis un des faits prévus audit article.

« Quiconque ayant été condamné en police correctionnelle pour l'un ou l'autre des mêmes faits, depuis moins d'un an, se rendra de nouveau coupable de l'un ou de l'autre de ces faits, sera condamné au maximum des peines indiquées au paragraphe précédent, lesquelles pourront être portées jusqu'au double. »

M. d'Haussonville a demandé de faire disparaître l'emprisonnement pour les cabaretiers et de le remplacer par une pénalité d'amendes progressives, s'augmentant avec la récidive. Je comprends, a-t-il dit, que la peine de l'amende ne soit pas suffisante pour les ivrognes, parce que les ivrognes sont souvent insolvables ; mais il n'en est pas de même pour les cabaretiers : ceux-ci ont un fonds de commerce, une clientèle ; ils offrent toute garantie au trésor, qui peut très-bien poursuivre le recouvrement de l'amende.

Dans les articles précédents, a répondu M. le rapporteur, vous avez admis que la peine de l'emprisonnement serait applicable aux ivrognes en cas de récidive après un certain nombre de faits d'ivresse; vous ne pouvez faire autrement que d'appliquer la même peine à ceux qui sont les complices et les coauteurs de ces faits délictueux pour lesquels les ivrognes peuvent être conduits en prison, à ceux dont la responsabilité est souvent plus grande et plus grave que celle des ivrognes eux-mêmes, trop facilement entraînés. Il y a même une raison plus forte encore pour punir sévèrement les cabaretiers. Lorsqu'il s'agit des ivrognes, ils sont, la plupart du temps, insolvables, dit-on, et les cabaretiers, qui ont un fonds de commerce, peuvent payer les amendes au trésor. Pas toujours, ajoute-t-on. C'est possible ; mais comme les cabaretiers ont un fonds de commerce, ils savent très-bien calculer les profits et les pertes, eu égard aux amendes qu'ils peuvent encourir et aux profits qu'ils peuvent réaliser en commettant ou en laissant commettre chez eux des infractions, par la réputation de tolérance et de complaisance qu'ils peuvent procurer ainsi à leur établissement. C'est donc au nom de la morale publique, sainement entendue, que nous demandons de maintenir cette peine d'emprisonnement.

Sur ces considérations présentées par M. le rapporteur de la commission, l'article 5, mis aux voix, a été adopté.

ARTICLE 6.

« *Toute personne qui aura subi deux condamnations en police correctionnelle pour l'un ou l'autre des délits prévus en l'article précédent, pourra être déclarée par le second jugement incapable d'exercer tout ou partie des droits indiqués en l'article 3.*

« *Dans le même cas le tribunal pourra ordonner la fermeture de l'établissement pour un temps qui ne saurait excéder un mois, sous les peines portées par l'article 3 du décret du 29 décembre 1851.*

« *Il pourra aussi, sous les mêmes peines, interdire seulement au débitant la faculté de livrer des boissons à consommer sur place.* »

Le premier paragraphe de cet article renvoie expressément à l'article 3, mais il en diffère sur un point essentiel, en ce que la privation de droits, qui d'après l'article 3 est la conséquence nécessaire du second délit reconnu par la justice correctionnelle, dépend de l'appréciation du tribunal. Il n'y a pas ici d'incapacité à constater, et la privation de droits garde un caractère exclusif de la peine : le débitant peut être exempt du vice auquel il entraîne ou laisse aller son client. Par suite, c'est au tribunal à examiner dans quelles circonstances cet homme qui sait rester maître de lui-même et capable de comprendre tous ses actes, devient indigne d'exercer certains des droits relatés dans l'article 3.

Les dispositions des deux derniers paragraphes s'appliquent exclusivement aux débitants à l'égard desquels l'autorité administrative est déjà investie, par l'article 2 du décret du 29 décembre 1851, du pouvoir de faire fermer leurs établissements après une condamnation, soit pour contravention aux lois et règlements qui concernent leur profession, soit pour mesure de sûreté publique.

Les sages et nécessaires prescriptions de ce décret du 29 décembre 1851, nous l'avons fait remarquer au début de nos considérations préliminaires, n'ont pas été exécutées conformément à l'esprit qui l'avait dicté ; mais ses prescriptions subsistent, et tout récemment, le 4 mars 1872, M. le ministre de l'intérieur l'a rappelé à l'attention de MM. les préfets dans les termes suivants :

« Monsieur le préfet, la plupart des conseils généraux ont émis dans leur session de 1871 des vœux tendant à ce que des mesures soient prises pour restreindre le nombre toujours croissant des débits de boissons. Plusieurs de nos collègues ont également adressé, de leur côté, des observations dans le même sens à l'administration, et l'Assemblée nationale, enfin, à laquelle sont parvenues, dans ces derniers temps, de nombreuses pétitions signalant les inconvénients et les dangers qui résultent de l'abus des boissons alcooliques, est saisie en ce moment, comme vous ne l'ignorez point, d'un projet de loi ayant pour objet la répression de l'ivresse publique.

« Le sentiment unanime sous l'influence duquel se sont produites ces diverses manifestations, indique suffisamment, ce semble, la profondeur et l'étendue du mal qu'il s'agit de combattre pour que, sans attendre l'application des nouvelles mesures législatives qui pourront intervenir, l'administration n'hésite pas à user dès à présent des moyens que lui fournit le décret du 29 décembre 1851, afin de remédier, autant qu'il dépend d'elle, à un état de choses qui n'intéresse pas moins la santé générale des populations que leur moralité.

« Les relevés statistiques dressés par ordre et sous le contrôle de l'administration des contributions indirectes ont constaté en effet que le nombre des débits de boissons, qui a été constamment en s'accroissant depuis vingt ans, a atteint à peu près aujourd'hui le chiffre énorme de 400,000, lequel est évidemment hors de proportion avec les besoins réels des populations, et ne peut, dès lors, avoir pour résultat que de favoriser le déplorable penchant à l'ivrognerie auquel ne sont que trop portées déjà les classes ouvrières des villes et des campagnes.

« L'administration antérieure, que guidait avant tout le besoin d'assurer l'ordre, mais qui voulait éviter en même temps de paraître porter atteinte à la liberté de l'industrie, n'avait pas cru devoir, il est vrai, se préoccuper, dans le principe, de fixer aucune limitation. En conséquence, et pourvu que les individus qui sollicitaient l'autorisation d'ouvrir de nouveaux débits ne fussent pas défavorablement notés, les instructions ministérielles, et particulièrement celle du 4 août 1866, prescrivaient à MM. les préfets de ne point repousser leurs demandes « par le seul motif que les débits déjà existants dans la commune étaient suffisants pour les besoins de la consommation. »

« Toutefois, comme ces instructions avaient reçu dans quelques départements une interprétation exagérée, on crut devoir peu après les compléter et en préciser mieux le sens, par une autre circulaire en date du 6 août 1867, portant que : Si l'autorité supérieure désirait que le décret du 29 décembre 1851 fût compris dans un sens suffisamment libéral, c'est-à-dire de manière à concilier le respect de la liberté de l'industrie avec l'intérêt social, elle n'entendait nullement amoindrir les garanties résultant de la loi précitée, « les intérêts de la sécurité publique et de la morale devant toujours prévaloir lorsqu'ils sont en cause. » Si donc, dès 1867, l'administration jugeait nécessaire de poser certaines limites à la latitude absolue qu'elle avait cru pouvoir laisser antérieurement au libre développement des débits de boissons, à plus forte raison convient-il aujourd'hui, en présence de l'accroissement continu de ces établissements, non-seulement de ne point s'écarter de la même voie restrictive, mais encore d'y persévérer avec une énergie nouvelle, l'*intérêt social* devant toujours prévaloir, ainsi qu'il est dit plus haut, sur les *intérêts privés* avec lesquels il peut se trouver en lutte.

« Vous voudrez bien, en conséquence, Monsieur le préfet, s'accorder désormais l'autorisation d'ouvrir de nouveaux débits qu'avec la plus grande réserve, et seulement après une enquête très-minutieuse, tant sur la personne de l'impétrant que sur l'état des débits déjà existants dans la circonscription. Vous aurez soin, d'autre part, de faire exercer un redoublement de surveillance sur les établissements de l'espèce, et vous ne devez pas hésiter à prononcer la fermeture de tous ceux contre lesquels il aura été relevé des délits ou des contraventions suivis de condamnations judiciaires si minimes qu'elles soient. » (J. C., XLV, 165.)

ARTICLE 7.

« *Sera puni d'un emprisonnement de six jours à un mois et d'une amende de seize à trois cents francs, quiconque aura fait boire jusqu'à l'ivresse un mineur âgé de moins de seize ans accomplis.*

« *Sera puni des peines portées aux articles 5 et 6, tout cafetier, cabaretier ou autre débitant de boissons qui, ayant subi une condamnation en vertu du paragraphe précédent, se sera de nouveau rendu coupable, soit du même fait, soit de l'un ou de l'autre des faits prévus en l'article 5 1°, dans le délai indiqué en l'article 5 2°.* »

Ainsi que nous l'avons fait remarquer en nos considérations sur l'article 4, les débitants ne doivent pas donner à boire à des mineurs ayant moins de seize ans accomplis, même accompagnés de leur père et mère. L'article 7 punit des peines correctionnelles, quel qu'en soit l'auteur, celui qui conduit et fait boire le mineur au cabaret, ayant autorité sur lui ou n'en ayant pas. Le cabaretier et autres débitants sont ici sous l'empire du droit commun.

Lorsque le cabaretier ou autre débitant de boissons a subi une condamnation pour le fait que nous venons d'indiquer, tout fait nouveau d'infraction à la présente loi, commis dans le délai d'un an, le constitue naturellement en état de récidive correctionnelle.

M. Beaussire avait proposé un article additionnel à l'article 7, d'après lequel « le maximum de la peine serait appliqué, laquelle pourrait être portée jusqu'au double, si les individus dont l'ivresse aurait été favorisée ou provoquée étaient porteurs d'armes apparentes. »

« L'amendement que j'ai l'honneur de présenter, a dit.
M. Beaussire, a, je le reconnais, l'inconvénient d'aggraver la
loi, mais il l'aggrave dans un cas parfaitement défini, d'une façon parfaitement conforme à l'esprit de nos lois, et particulièrement à l'esprit du projet actuellement en discussion. Ce n'est
pas le vice que vous voulez punir; le châtiment d'un vice ne
regarde que la conscience individuelle ou la conscience publique; mais vous voulez prévenir les conséquences de ce vice
pour la sécurité publique.

« Eh bien! quand ces conséquences sont-elles plus graves que
lorsque la personne qui s'abandonne à l'ivresse, ou dont l'ivresse
est provoquée par un cabaretier ou par la personne qui l'ac-
compagne, est porteur d'armes apparentes? Ici vous avez un
danger évident qui tombe sous les yeux. La loi risque d'être
inefficace, parce qu'elle ne sera pas applicable pour les cas ordinaires; mais lorsque vous avez l'avantage de trouver un cas
qui peut être manifestement constaté, oh! alors, vous pouvez
compter beaucoup plus sûrement sur des poursuites et sur une
répression plus efficaces. Le cas, du reste, se réduit à deux caté-
gories de personnes : les militaires et les chasseurs.

« Les auteurs du projet de loi n'ont pas voulu atteindre di-
rectement l'ivresse des militaires, parce qu'on a voulu modifier
seulement le Code pénal en tant qu'il est applicable aux civils,
sans toucher à la discipline militaire. Je respecte ce scrupule.
Mais à côté des militaires qui s'enivrent, vous avez le cabaretier; quand un cabaretier provoque les militaires à l'ivresse ou
reçoit chez lui un militaire armé et déjà ivre, c'est que son intérêt l'y pousse. Placez donc à côté de cet intérêt la crainte de
la loi pénale; vous avez ainsi une garantie sérieuse, et une garantie qui profitera à l'armée tout entière.

« Vous savez combien un certain parti a souvent exploité les
désordres commis par les militaires en état d'ivresse. Eh bien !
il ne faut pas fournir un prétexte à ces accusations, qui tou-
chent à la considération de notre armée. Il faut que sans empié-
ter sur les droits de la discipline militaire, l'autorité civile
puisse arrêter tous les civils, tous les industriels qui provoquent
l'ivresse des militaires, et causent ainsi les désordres dont les
militaires à l'état d'ivresse peuvent se rendre coupables.

« A côté des militaires, vous avez les chasseurs, et vous savez
combien de fois il arrive des accidents par une sorte de jeu,

alors que les chasseurs en état d'ivresse tiennent à la main leurs armes. Il est tout naturel qu'un chasseur armé soit reçu dans les cafés et les cabarets, s'il a besoin de boire; mais s'il est ivre ou s'il boit jusqu'à l'ivresse, il faut que le cabaretier, contenu par son intérêt ou contenu par la crainte de la peine dont il peut être frappé, ait le courage de le refuser. Je ne crois pas qu'il y ait d'objection sérieuse qui puisse s'opposer à la mesure que je propose. »

La commission, a répondu le rapporteur, se félicite d'avoir à prendre, tout au moins une fois, la parole pour repousser une aggravation. Jusqu'à présent elle n'a pu être soupçonnée de faiblesse; c'est donc une nécessité qui s'impose à elle que de repousser l'amendement proposé par M. Beaussire. La responsabilité que fait notre loi aux cabaretiers est déjà assez lourde sans que nous l'aggravions encore. La latitude laissée aux juges entre le maximum et le minimum est faite précisément pour qu'ils puissent proportionner la peine à la gravité de la faute commise dans chaque cas particulier.

Je n'ajouterai qu'un mot. Il faut bien penser à la situation qui est faite au cabaretier, et si les armes apparentes que porte le consommateur aggravent sa faute en un certain sens, elles peuvent aussi l'excuser; car c'est lui demander quelquefois à s'exposer à un trop grand danger que de lui imposer l'obligation de refuser courageusement, je dirai même héroïquement, ce qu'on exige de lui. Ce serait trop, après l'avoir rendu victime, de le déclarer coupable, et de lui faire payer l'amende après qu'il aurait été battu.

L'article additionnel proposé par M. Beaussire, mis aux voix, n'a pas été adopté.

ARTICLE 8.

« *Le tribunal correctionnel, dans les cas prévus par la présente loi, pourra ordonner que son jugement soit affiché à tel nombre d'exemplaires, et en tels lieux qu'il indiquera.* »

Cette disposition, ainsi que les articles 9 et 10 qui suivent, contiennent des dispositions communes aux deux séries de faits punissables dont il est question dans les articles précédents.

L'article 8, ci-dessus, permet au juge correctionnel de donner à sa sentence telle publicité qu'il juge convenable, moyen efficace pour augmenter l'impression qu'elle doit produire sur le condamné et ses imitateurs; mais cette publicité est une **aggravation** de peine qui ne saurait être admise en matière de simple police, à un moment où la loi espère encore que le **condamné** peut facilement s'arrêter et revenir sur ses pas.

La nouvelle loi n'a point permis aux tribunaux de simple police d'ordonner l'affichage de leurs jugements; elle s'est ainsi conformée à la législation établie à cet égard; car aucune loi n'autorise le juge de simple police à ordonner l'impression ou l'affichage de ses jugements, à moins que cette mesure ne soit réclamée par la partie civile, à titre de dommages-intérêts ou de réparations civiles. Cass., 10 avril et 30 juill. 1807; 16 mars et 14 juill. 1809; 13 mars et 17 mai 1811; 27 déc. 1839 et 31 janv. 1845; DICTION. THÉOR. ET PRAT. DES JUG. DE PAIX, v° *Affiches*, n° 5 et suiv.

Même en cas de récidive, les tribunaux de simple police ne doivent ni ne peuvent ordonner l'affichage de leurs jugements. Cass., 28 fév. 1839; *ibid.*, n° 16.

ARTICLE 9.

« *L'article 463 du Code pénal est applicable aux peines d'emprisonnement et d'amende portées par la présente loi.*

« *L'article 59 du même Code ne sera pas applicable aux délits prévus par la présente loi.* »

Le premier paragraphe de cet article consacre une règle admise par presque toutes nos lois pénales, celle des circonstances atténuantes. Déjà les articles 1 et 4, en renvoyant à l'article 483 du Code pénal, permettent au juge de simple police de tenir compte de ces circonstances. L'article 9 étend cette faculté au tribunal correctionnel; mais il en limite l'effet aux peines de l'emprisonnement et de l'amende. Quant aux privations des droits indiqués dans l'article 3, le tribunal, condamnant pour la seconde fois, à raison d'un fait d'ivresse, n'est pas plus libre de les réduire que d'en dispenser complétement. Son impartialité politique ne doit pas être soupçonnée, et une quatrième chute, constatée en justice dans un espace de temps assez restreint, prouve une véritable incapacité, que nulles circonstances ne peuvent faire disparaître. Les privations des droits indiqués dans l'article 6 sont toujours facultatives pour le juge; il n'est pas besoin de les rendre telles par l'application de l'article 463 du Code pénal.

Le second paragraphe de l'article 9 a pour objet d'écarter l'application de l'article 59 du Code pénal, ainsi conçu :

« Les complices d'un crime ou d'un délit seront punis de la même peine que les auteurs mêmes du crime ou du délit, sauf les cas où la loi en aurait disposé autrement. »

Il y a dans les faits d'ivresse une complicité fréquente et digne de châtiment, celle des débitants ; la loi a spécialement frappé cette complicité. Mais les principes généraux du droit ne permettent pas d'atteindre en masse tous ceux qui, d'après l'article 60 du Code pénal, pourraient être qualifiés de complices. Il ne faut jamais oublier que les infractions prévues par la loi sur l'ivresse sont en elles-mêmes des contraventions de simple police, et que c'est la récidive seule qui, sous certaines conditions, les change en délits. Or, d'une part il n'y a point de complicité en matière de simple police, à moins d'une disposition expresse dans la loi, si ce n'est à l'égard des bruits et tapages injurieux et nocturnes troublant la tranquillité publique. C. pén., 479, n° 8; Cass., 24 janv. et 5 sept. 1835, 23 août 1850, 8 nov. 1855, 15 avril 1861 ; DICTIONN. THÉOR. ET PRAT. DES J. DE PAIX, v° *Bruits et tapages*, n°° 28 et suiv. ; v° *Complicité*, n° 2.

D'autre part, les complices ne sont pas responsables de l'aggravation qui résulte de la récidive. L'article 59 du Code pénal ne doit pas être appliqué à des infractions qui ne prennent le caractère de délits que par l'effet de cette circonstance.

ARTICLE 10.

« *Les procès-verbaux constatant les infractions prévues dans les articles précédents seront transmis au procureur de la République dans les trois jours au plus tard, y compris celui où aura été reconnu le fait sur lequel ils sont dressés.* »

Dans nos explications sur l'article qui précède, nous avons fait remarquer que les infractions prévues par la loi sur l'ivresse sont en elles-mêmes des contraventions de simple police, et que c'était la récidive seule qui, sous certaines conditions, les changeait en délits : or, en principe, les procès-verbaux, aux termes des articles 20, 29 et 53 du Code d'instruction criminelle, ne sont adressés au procureur de la République que lorsqu'il s'agit de crimes ou délits; mais l'article 10 ci-dessus de la nouvelle loi veut que tous les procès-verbaux constatant des infractions à ses dispositions soient remis à ce magistrat. Cette prescription est assurément sage et d'une heureuse prévoyance, car, croyons-nous, il sera souvent difficile pour des officiers de police judiciaire de savoir à quelle juridiction devra être porté un fait qui change de qualification suivant des conditions variables et nécessairement un peu compliquées. Or, les procès-verbaux constatant les infractions prévues par la nouvelle loi étant transmis au procureur de la République, dans le bref délai qu'elle indique, la question de juridiction sera examinée par un magistrat capable de la résoudre.

Sans doute l'inobservation des dispositions de cet article ne peut produire ni une nullité, ni une déchéance; il n'a d'autre but que d'accélérer les poursuites, motif assez important pour que les officiers de police judiciaire mettent le plus grand soin à s'y conformer scrupuleusement. D'ailleurs, ce n'est point ici une innovation ; une disposition analogue est contenue dans l'article 22 de la loi du 30 mai-18 juin sur la police du roulage.

ARTICLE 11.

« *Toute personne trouvée en état d'ivresse manifeste dans les rues, chemins, places, cafés, cabarets ou autres lieux publics, pourra être, par mesure de police, conduite à ses frais, par les agents de l'autorité, au poste le plus prochain, pour y être retenue jusqu'à ce qu'elle ait recouvré sa raison.* »

Cet article contient, non plus une disposition pénale, mais une mesure de police. La décence et la sûreté publique exigent cette restriction à la liberté individuelle, parce qu'il convient non-seulement de protéger l'ivrogne contre lui-même, mais aussi contre tous autres citoyens. Avant la nouvelle loi, cette disposition était appliquée dans un grand nombre de départements par suite d'arrêtés préfectoraux qui prescrivaient en général que tout individu trouvé sur la voie publique ou tous autres lieux publics en état d'ivresse serait immédiatement arrêté et conduit, à ses frais, à la prison municipale, dans l'intérêt du bon ordre; or, l'expérience a démontré que cette mesure était non-seulement bonne et nécessaire, mais qu'elle n'offrait, comme elle n'avait offert aucun inconvénient (Cass., 2 janv. 1869).

Cette mesure de police, édictée par l'article 11, est une faculté qui est attribuée aux agents de l'autorité; car tandis que les lois pénales sont impératives, il n'en est pas de même des lois de police. En armant de certains pouvoirs ceux qui veillent au maintien du bon ordre dans la cité, on ne saurait leur faire une obligation d'en user toujours et indistinctement, sans les exposer à des maladresses qui accroîtraient parfois le bruit, le désordre et le scandale.

Quant aux frais de conduite à la prison, il est tout naturel que les frais de transport comme ceux de séjour, lorsque la distance, la crainte de l'effervescence publique, excitée dans l'intérêt de la personne arrêtée ou contre elle, ne permettent pas de joindre immédiatement et à pied le poste le plus voisin, il est tout naturel, disons-nous, que les frais soient à la charge de qui les a rendus nécessaires par sa mauvaise conduite.

ARTICLE 12.

« *Le texte de la présente loi sera affiché à la porte de toutes les mairies et dans la salle principale de tous cabarets, cafés et autres débits de boissons. — Un exemplaire en sera adressé, à cet effet, à tous les maires et à tous les cafetiers et autres débitants de boissons. — Toute personne qui aura détruit ou lacéré le texte affiché, sera condamnée à une amende de un à cinq francs et aux frais du rétablissement de l'affiche. — Sera puni de même tout cabaretier, cafetier ou débitant chez lequel ledit texte ne sera pas trouvé affiché. »*

Le but principal de cet article est que la nouvelle loi soit portée, par tous les moyens possibles, à la connaissance des citoyens et en particulier de ceux à qui elle peut s'appliquer. C'est pour ce motif qu'il inflige une peine à ceux qui détruiraient ou lacéreraient les affiches dont elle prescrit l'apposition dans les lieux qu'il indique.

Le n° 9 de l'article 479 du Code pénal déclare punissables de 11 à 15 francs d'amende, « ceux qui auront *méchamment* enlevé ou déchiré les affiches apposées par ordre de l'administration. »

L'expression *méchamment* abandonne la preuve de la méchanceté à l'appréciation souveraine du juge de répression; ainsi, d'après le n° 9 de l'article 479, celui qui, après avoir détaché une affiche apposée par ordre de l'administration, la fait immédiatement replacer, n'est pas passible de la peine édictée par cet article, s'il n'a pas agi *méchamment*. Cass., 6 oct. 1832 et 9 fév. 1856. DICTIONN. THÉOR. ET PRAT. DES JUST. DE PAIX, t. Ier, v° *Affiches*, n°s 3 et suiv.

Mais l'article 12 de la nouvelle loi ne contient aucune exception, il est absolu et rigoureux; l'amende devra toujours être appliquée, qu'il y ait eu dans le fait dont il s'agit n'importe quelle intention, et cela, outre le rétablissement de l'affiche à ses frais.

ARTICLE 13.

« Les gardes champêtres sont chargés de rechercher concurrement avec les autres officiers de police judiciaire, chacun dans le territoire pour lequel il est assermenté, les infractions à la présente loi. — Ils dressent des procès-verbaux pour constater ces infractions. »

D'après l'article 16 du Code d'instruction criminelle, les gardes champêtres n'avaient que le droit de rechercher les délits et les contraventions de police qui portent atteinte à la conservation des récoltes, des fruits de la terre, des propriétés rurales, et d'en dresser des procès-verbaux.

La loi du 24 juillet 1847, article 20, étendant les attributions des gardes champêtres, les a également chargés de rechercher, chacun dans le territoire pour lequel il est assermenté, les contraventions aux *règlements de police municipale*, et d'en dresser aussi des procès-verbaux pour constater ces contraventions.

Mais s'il est vrai que les gardes champêtres peuvent verbaliser au sujet des contraventions aux règlements de police urbaine comme au sujet des contraventions sur la police rurale, il n'est pas moins certain qu'en matière de contraventions urbaines prévues par le Code pénal, comme l'embarras de la voie publique, par exemple, aucune foi n'est due au procès-verbal du garde champêtre, en l'absence du règlement de police municipale; ni pour un fait de dépôt d'immondices sur la voie publique dans l'intérieur d'une commune; ni pour une contravention même de tapage nocturne, s'il n'y a pas à cet égard un règlement municipal. Cass., 1er mai, 3 et 6 nov. 1868.

Mais la disposition de l'article 13 de la loi sur l'ivresse fait passer du domaine réglementaire dans le domaine législatif les infractions commises à la nouvelle loi, et confère aux gardes champêtres et autres officiers de police attribution et compétence pour rechercher les contraventions et rédiger des procès-verbaux conformément au droit commun.

§ V. — APPENDICE.

MESURES MORALES CONTRE L'IVRESSE.

Ainsi que nous l'avons exposé dans nos considérations préliminaires, nous sommes partisans de la répression rigoureuse de l'ivresse, mais nous le sommes avant tout des mesures prévoyantes qui peuvent être prises dans un but efficace et salutaire d'une véritable régénération; car non-seulement mieux vaut prévenir que punir, mais, si la peine est une expiation, elle ne corrige et n'améliore pas toujours, et c'est à l'amélioration qu'il faut tendre; de plus, cette peine ne produit, si ce n'est à titre d'exemple, d'effet direct que sur celui qu'elle frappe, et la société a intérêt à un résultat général, surtout si ce résultat général peut être produit par le progrès de la moralité publique et non par la crainte du châtiment.

Répétons donc que l'indifférence apportée à l'exécution des sages prescriptions du décret du 29 décembre 1851 sur les débits de boissons, a été une cause de la propagation du vice hideux de l'ivresse et de ses funestes conséquences. Ajoutons que c'est surtout l'inobservation des prescriptions édictées par la loi du 18 novembre 1814, SUR LES FÊTES ET DIMANCHES, qui a été une des principales causes de la démoralisation et des doctrines si perverses et si déplorables d'idées populaires.

Les lois sont les règles de la conduite que chacun doit ponctuellement suivre ; elles sont les *liens* salutaires qui unissent les hommes entre eux, par les droits et les devoirs réciproques qu'elles leur donnent ou qu'elles leur imposent dans leur propre intérêt comme envers leurs semblables, dans le but de pourvoir à leur conservation, à leur perfectionnement, à leur vrai bonheur. Or la violation ou l'inexécution des lois compromettent l'existence et la sûreté de la société; car tous les désordres qui la troublent naissent de la désobéissance, de l'abandon des règles et des devoirs qu'imposent les lois, celles surtout qui ont pour but d'inspirer au peuple une conduite honnête et sage, de lui enseigner la morale, celles qui élèvent l'âme et le cœur des populations, qui leur inspirent des idées grandes et généreuses, les lois enfin de la religion dominante de la nation qui déterminent les devoirs de l'homme envers Dieu par ses sublimes enseignements.

Pour arriver à ces fins, l'autorité administrative, en faisant sérieusement exécuter la loi sur l'ivresse et le décret du 29 décembre 1851, doit aussi surtout faire strictement respecter celle du 18 novembre 1814 sur les dimanches et les fêtes qui, comme le décret du 29 décembre 1851, est malheureusement restée dans le plus déplorable oubli, au détriment du bon ordre et de la paix au sein même des familles.

Les prescriptions de la loi du 18 novembre 1814 ne s'observent nulle part, et cependant elle n'a réellement été abrogée par aucune disposition de lois subséquentes, ainsi qu'en témoignent un grand nombre d'arrêts de la Cour de cassation, notamment ceux des 23 et 29 juin 1838, 6 décembre 1845, 21 décembre 1850, 6 décembre 1851, 2 juin 1854 et 19 décembre 1872, qui déclarent tous *que la constitution de* 1852, *pas plus que la charte de* 1830 *et la constitutian de* 1848, *n'a abrogé la loi du* 18 *novembre* 1814.

Sans doute quelques auteurs ont soutenu la doctrine d'une prétendue abrogation tacite en se fondant sur ce que la religion catholique a *cessé d'être la religion de l'État*. Mais, de bonne foi, il est incontestable qu'elle N'A PAS CESSÉ D'ÊTRE LA RELIGION DOMINANTE DE LA MAJORITÉ DES FRANÇAIS.

La loi civile est, en effet, partout empreinte de respect pour la religion professée par la majorité des citoyens : ainsi, par l'article 57 de la loi du 18 germinal an X, le repos du fonctionnaire public est fixé au dimanche; ainsi encore, les articles 63, 78, 1037 du Code de procédure et 162 du Code de commerce, interdisent tout exploit, tout protêt, toute signification et exécution les jours de fêtes légales; et cependant personne n'a jamais eu la pensée de soutenir que ces divers articles eussent été tacitement abrogés par la charte de 1830 ou par les constitutions qui l'ont remplacée.

La Cour de cassation, cette autorité imposante et suprême devant laquelle il faut s'incliner, n'a jamais cru ni admis, ainsi que nous venons de le faire remarquer, à une prétendue abrogation de la loi du 18 novembre 1814.

Le pouvoir législatif et le gouvernement lui-même ont reconnu, depuis 1830, qu'elle était toujours en vigueur : en effet, la chambre des députés, en 1832 et en 1840, repoussa, à une grande majorité, une proposition tendant à l'abrogation formelle de cette loi ; d'autre part, dans une discussion qui s'ouvrit à la chambre des pairs, dans la séance du 28 février 1844, sur la question de savoir si la loi de 1814 était encore en vigueur, M. le garde des sceaux dit à la tribune : « *On sait que la proposition d'abroger formellement cette loi a été deux fois soumise à la chambre des députés et toujours sans succès ...* »

Une déclaration du gouvernement ayant pour but d'engager les agents de l'autorité a exécuter la loi de 1814 avec la plus grande modération a été; il est vrai, insérée au *Moniteur* du 6 juillet 1854 ; mais alors même qu'une telle déclaration serait conçue dans des termes plus explicites encore, elle ne pourrait avoir pour effet l'abrogation de ladite loi, car une loi ne peut être abrogée que par une autre loi.

La nouvelle loi *sur l'ivresse*, le décret du 29 décembre 1851 sur les débits de boissons, et la loi toujours en vigueur du 18 novembre 1814, forment un heureux ensemble de prescriptions qui, bien et strictement exécutées, atteindraient le but et la sollicitude du législateur pour moraliser les populations et pour empêcher le retour de regrettables désordres nés de la violation des devoirs imposés par une sage, mais vigoureuse législation, dans l'intérêt de la tranquillité et du bien-être de tous.

L'observation de la loi de 1814 est nécessaire au repos de la famille, favorable à sa santé et non moins favorable à son instruction, a-t-on dit dans un rapport fait dernièrement au Corps législatif à propos d'une pétition dont les motifs de renvoi à M. le ministre des travaux publics ont été adoptés (mai 1872).

Le repos du dimanche et des fêtes étant observé, l'homme pourrait, ce jour-là, dit le rapporteur de cette pétition, élever sa pensée au-dessus de la matière qu'il travaille, nourrir son esprit à la source des enseignements aussi nécessaires à l'âme que le pain à la nourriture du corps. Il apprendrait à réprimer ces instincts brutaux qui le poussent à l'ivrognerie, à la débauche, à l'insurrection, en fréquentant les cours publics de cette grande école de morale, d'apaisement, de respect, qui s'appelle le christianisme. Là il apprécierait la liberté, la fraternité, l'égalité véritables, qui ne lui apparaissent qu'à travers les préjugés de l'ignorance et de l'envie également haineuses.

Tout le monde, aujourd'hui, appelle de ses vœux le moment où l'observation du dimanche, prescrite par une loi non abrogée, sera aussi respectée en France qu'en Angleterre, en Allemagne, en Russie, aux États-Unis et en Suisse : nous sommes persuadés qu'alors la France sera dans la route qui mène immanquablement au progrès, et surtout à la moralisation, aux bonnes et véritables pratiques sociales.

1603 — Paris. — Imprimerie Arnous de Rivière et C*, rue Racine, 26.

BIBLIOTHÈQUE DES JUSTICES DE PAIX

OUVRAGES RECOMMANDÉS.

Dictionnaire théorique et pratique des justices de paix, des tribunaux de simple police et d'instruction criminelle. — Deux volumes in-8°, prix . . . . 15 fr.

Ce Dictionnaire, au courant jusqu'en 1870, de la législation, de la jurisprudence et de la doctrine, contient, par ordre alphabétique, tout ce qui concerne les fonctions des juges de paix et des greffiers des justices de paix; il reproduit ce qui a été jugé depuis l'origine de l'institution, afin de servir de collection et de tête au *Recueil général des Justices de paix*.

Codes français, toujours au courant de la législation, par Teulet, 1 fort vol in-8°. . . 15 fr.

Les mêmes, in-18. . . . . 6 fr.
    RELIURE en demi-chagrin, 2 fr. 50 pour l'in-8°; — 1 fr. 50 pour l'in-18.

Codes annotés de Sirey, contenant la jurisprudence des cours et la doctrine des auteurs, par M. P. Gilbert, avec le concours de MM. Faustin-Hélie et Cuzon, avec supplément, 4 grands volumes in-8°. . . . . 55 fr.

De la Justice de paix, compétence et procédure civile, par O. Bourbeau, 1 très-fort vol. in-18. . . . . 9 fr.

Manuel encyclopédique, théorique et pratique des juges de paix, de leurs suppléants et greffiers, etc.; ou Traité pratique et raisonné des principes généraux et spéciaux de droit civil et criminel, des règles de compétence, de procédure civile, criminelle et de simple police, du tarif des droits de timbre, d'enregistrement, avec les *formules* de tous les actes extrajudiciaires et judiciaires, par Allain, 3° édition, 1866, 3 volumes in-8°. . . . . . 27 fr.

Formulaire général de la procédure civile et criminelle des juges de paix, par M. Couturier, 1 fort vol. in-8° . . . . 8 fr. 50

Des Contraventions; de la compétence des tribunaux de simple police, par Guibal, in-12. 3 fr.

Manuel criminel des juges de paix, par Duverger, 1 vol. in-8°. . . . . 5 fr. 50

Dictionnaire des Lois pénales, disciplinaires et de police, par Chacrol-Chaméane, 2 vol. grand in-8°. . . . . 12 fr.

Code annoté et Guide spécial des tribunaux de simple police, par M. Vuatiné, 2 volumes en un, in-12. . . . . 5 fr.

Des tribunaux de simple police, de leur procédure, etc., par Berriat Saint-Prix, 1 volume in-18 . . . . 4 fr. 50

Traité théorique et pratique du bornage, par Millet, 3° édition, 1862, un volume in-18. . . . . 4 fr. 50

Traité des actions possessoires, du Bornage et autres droits de voisinage, 1 vol. in-8°, par Curasson.. . . . . 7 fr. 50